Tina Santi Flaherty

Die besten Karrierestrategien für Frauen

Tina Santi Flaherty

Die besten Karrierestrategien für Frauen

Besser reden, erfolgreicher kommunizieren, überzeugender auftreten

Aus dem Amerikanischen übersetzt von Christiana Haack

mvg

Die Deutsche Bibliothek – Cip-Einheitsaufnahme

Santi Flaherty, Tina
Die besten Karrierestrategien für Frauen : besser reden, erfolgreicher kommunizieren, überzeugender auftreten / Tina Santi Flaherty. Aus dem Amerikanischen übers. von Christiana Haack. – Landsberg am Lech : mvg-Verl., 2000
(Business Training ; 81217)
Einheitssacht.: Talk your way to the top <dt.>
ISBN 3-478-81217-8

Titel der amerikanischen Originalausgabe: „Talk Your Way to the Top“

Aus dem Amerikanischen übersetzt von Christiana Haack

Umschlaggestaltung: Felix Weinold, Schwabmünchen
Satz: mi-Verlag, M. Zech
Druck- und Bindearbeiten: Presse-Druck, Augsburg
Printed in Germany 081217/200402
ISBN 3-478-81217-8

Inhaltsverzeichnis

Für meine Mutter und meinen Vater, Dale Laverne Pendergrast und Clement Alexander Santi, und meine innig geliebte Großmutter, Vattie Velma Headrick, die immer an mich glaubte.

Einleitung

- Würden Sie am liebsten jedes Mal, wenn Sie in der Öffentlichkeit sprechen müssen, wegrennen und sich verstecken?
- Fällt es Ihnen schwer, Ihre Argumente mit Erfolg vorzubringen?
- Kommen Sie sich unbeholfen vor, wenn Sie sich bei beruflichen Anlässen unter die Leute mischen und plaudern sollen?
- Werden ausgerechnet Sie niemals gebeten, einem neuen Kunden eine Präsentation zu geben?
- Schätzt Ihr Chef Ihre herausragenden Begabungen Ihrer Meinung nach falsch ein?
- Verwenden Sie Wörter, die auf mangelndes Selbstbewusstsein hindeuten?
- Reagieren Ihre Gesprächspartner am Telefon manchmal unwirsch auf Sie?
- Wünschen Sie sich, dass Ihre Kleidung Ihnen ein erfolgreicheres Aussehen verleiht?
- Wissen Sie nicht genau, wie man sich korrekt zu verhalten hat?

Wenn Sie auf eine dieser Fragen mit *Ja* geantwortet haben, wird Ihnen dieses Buch dabei helfen, solche Angewohnheiten über Bord zu werfen, die Sie möglicherweise am beruflichen Durchbruch hindern.

Was wäre, wenn ich Ihnen nun erzählte, dass es eine Geheimwaffe gibt, die Männer schon immer einsetzen, um sich an die Spitze zu drängen, und dass es diese Zauberformel ist, mit der Sie Ihrer Karriere mit durchschlagendem Erfolg den Anschub geben können? Wenn Sie sich auf die Überholspur in Richtung Spitze einfädeln wollen, müssen Sie wissen, wie man effektiv kommuniziert – sowohl verbal wie auch nonverbal.

Männer wissen seit jeher, dass ihre Fähigkeit, Ideen überzeugend anzupreisen - ob nun hinter dem Rednerpult, am Konferenztisch oder beim Smalltalk ein unschätzbares Werkzeug darstellt, das im Geschäftsleben garantiert zum Erfolg führt. Männer wissen um die Tatsache, dass die nonverbale Sprache des Verhaltens, der Kleidung, der Umgangsformen und sozialen Fertigkeiten ebenfalls Bände spricht über ihre Fähigkeit, an die Spitze zu gelangen.

Wirkungsvolle Kommunikation, ob wortlos oder gesprochen, gehört zu den wichtigsten Fähigkeiten, die eine Frau im Berufsleben entwickeln kann. Sie kann darüber entscheiden, ob Sie tatsächlich erfolgreich werden oder inmitten der Menge stecken bleiben. Dr. Lillian Glass schreibt in ihrem Buch „Talking to Win": „Das Bild, das Sie in Ihrer Rede von sich vermitteln, kann entscheiden, ob eine Person Ihr Freund, Geliebter, Geschäftspartner, Arbeitgeber oder Angestellter wird." Das Image, das Sie beim Sprechen vermitteln, wirkt sich schlicht und einfach auf Ihr gesamtes Leben aus.

Wenn dies zutrifft, warum sind sich dann nicht mehr Frauen dieser Wirkung bewusst? Warum arbeiten sie nicht Tag und Nacht daran und versuchen, ihr verbales Image zu verbessern? Warum bitten sie nicht um die Möglichkeit, eine Rede zu halten oder selbst die große Präsentation vor einem neuen Kunden durchzuführen? Neben reinem Entsetzen und der Angst vor einem Fehlschlag habe ich eine weitere Theorie: Viele Frauen nehmen an, sie könnten dies als Frau nicht, also versuchen sie es erst gar nicht. Ihrer Meinung nach ist das Reden vor Publikum „Männersache". Hält man doch schließlich Männer für die besseren Kommunikatoren - für fähiger, souveräner, mit Stimmen versehen, die man besser hört und denen man daher leichter zuhören kann. Dies ist blanker Unsinn. Vor anderen zu sprechen - egal ob vor zwei Personen oder zweihundert - ist keine geschlechtsspezifische Tätigkeit.

Verfügen Frauen über das nötige Wissen, können sie genauso effektiv sein wie Männer, ob sie nun vor einem vollen Saal eine Präsentation halten, mit einer Gruppe von

Leuten plaudern oder sich bei einer lauten Cocktailparty einen guten Auftritt verschaffen. Das wirklich Tolle daran ist - niemand rechnet damit, dass eine Frau sich wirklich ausgezeichnet darauf versteht. Und wenn sie hierbei glänzt, rechnen es ihr die Leute *dreifach* an, weil sie es nicht erwartet haben.

Wenn sich Ihnen die Möglichkeit bietet, vor einer Gruppe zu sprechen, oder wenn man Sie bittet, eine Präsentation zu halten, ergreifen Sie diese Gelegenheit mit fliegenden Fahnen. Man gewährt Ihnen eine einmalige Gelegenheit zur Selbstdarstellung. Jetzt können Sie zeigen, dass Sie über Führungseigenschaften verfügen. Wenn sich das Scheinwerferlicht auf *Sie* - und auf niemand anderen - richtet, liegt es in Ihrer Macht, Eindruck zu machen, zu überzeugen, zu verkaufen, zu unterhalten und letztendlich Ihre Karriere auf die Überholspur zur Spitze zu bringen.

Es ist eine nur selten beachtete Tatsache, dass eine Frau, wenn sie die Kunst der effektiven, wirkungsvollen Kommunikation beherrscht, andere nicht nur überrascht und verblüfft, sondern schließlich auch erobert. Dieses Buch will Frauen helfen, auf einem Gebiet erfolgreich zu sein, das ihr Leben für immer verändern kann - in und außerhalb des Berufs. Wenn Frauen erst einmal entdecken, wie viel Macht in der Kunst der Kommunikation liegt, werden sie Türen einrennen für die Chance, aufzustehen und gehört zu werden.

Ich fing als Radio-Discjockey an, wurde dann Comoderatorin beim Fernsehen und schlug schließlich aus diesem Talent Kapital in einer Unternehmenskarriere, die darin gipfelte, dass ich zur ersten Vizepräsidentin des riesigen Colgate-Palmolive-Konzerns ernannt wurde. Das war keine leichte Aufgabe für eine junge, keineswegs welterfahrene Frau aus den amerikanischen Südstaaten, vor allem zu einer Zeit, als die Frauen noch nicht einmal von der Glaswand - der unsichtbaren beruflichen Barriere für Frauen und andere Minderheiten - gehört, geschweige denn gelernt hatten, sie zu durchbrechen. Wie habe ich also die Top-Etage erreicht? Ich habe schon früh gelernt, dass die Fähigkeit, selbstbewusst zu denken und zu reden, einen unschätzbaren Aktivposten darstellt, der mich von der Menge abhebt. Ich habe auch gelernt, dass die Art, wie ich mich kleidete, mit meinen Kollegen plauderte, meine Klienten unterhielt, ein Memo schrieb, mich in der Öffentlichkeit benahm und mit meinem Vorgesetzten und meinen Mitarbeitern umging, in der Gesamtheit ein Bild meiner Fähigkeit als Führungskraft ergab.

Einen Eindruck hinterlassen

Ein sehr weiser Mensch meinte einmal: „Man erhält keine zweite Chance, einen ersten Eindruck zu hinterlassen." Man muss sehr viel harte Arbeit investieren, um einen guten Eindruck zu machen. Forschungsergebnissen zufolge schätzen andere Menschen Sie in den ersten fünf bis sieben Sekunden nach dem Kennenlernen ein. Welch eine winzige Zeitspanne, um sich zu verkaufen, vor allem wenn es darauf ankommt. Im Berufsleben verbringen Sie schätzungsweise mehr als 50 Prozent Ihrer Zeit mit „Verkaufen" – ob es nun darum geht, eine Stelle oder eine Gehaltserhöhung zu bekommen, die Bewilligung eines Budgets oder das Startsignal für ein neues Projekt zu erreichen. Und es wird immer jemanden geben, der das, was Sie verkaufen, nicht kauft. Zu lernen, wie man den richtigen Eindruck macht, ist ein schwieriges Unterfangen. Wie Sie Ihre Ideen darlegen und Ihren Körper bewegen, das sendet eine Botschaft aus, genauso wie Ihre Art, sich auf einer Party unter die Anwesenden zu mischen und sich mit ihnen zu unterhalten, etwas über Sie aussagt.

Kein Wunder also, dass amerikanische Strafverteidiger unzählige Stunden damit verbringen, sicherzugehen, dass ihre Mandanten sich auf angemessene Weise kleiden, sprechen und benehmen. Anwälte haben schon immer gewusst, dass Geschworene durch die Art und Weise, wie ein Mandant spricht, auftritt und aussieht, beeinflusst werden – positiv oder negativ. Unzählige Angeklagte werden ernsthaft fein gemacht und im Crashkurs in guten Manieren und höflicher Ausdrucksweise für ihre so wichtigen Auftritte vor Gericht unterwiesen.

Sie stehen täglich auf dem Prüfstand

Wenn Verhalten, Kleiderwahl und Sprechweise das Urteil eines Geschworenengerichts beeinflussen können, lässt es sich leicht vorstellen, dass die visuelle und die verbale Kommunikation wesentliche Faktoren in allen unseren Lebensbereichen darstellen. Tatsächlich stehen wir alle tagtäglich „vor Gericht". Die Leute fällen automatisch aufgrund Ihres *Äußeren*, Ihrer *Sprechweise* und Ihrer *Art zu handeln* Urteile über Ihre Professionalität und Fähigkeiten. Diese drei Charakteristika bilden die Grundlage Ihrer Kommunikationsfähigkeit.

- Als Erstes fällt dem Gegenüber Ihr *Aussehen* ins Auge. Da Kleidung, Frisur und Make-up ihre eigene Sprache sprechen, müssen sie mit dem Image einer erfolgreichen Führungspersönlichkeit übereinstimmen. Falls nicht, können sie das, was Sie sagen und tun, völlig zunichte machen. Kapitel 1 „Verpacken Sie sich selbst" wird Ihnen eine gute Übersicht über Ihre äußere Erscheinung und wie Sie sich anziehen sollten vermitteln.
- Zweitens ist die Art, wie Sie *handeln*, ebenso wichtig wie Ihr Aussehen und Ihre Sprechweise. Sie kennen die alte Redensart, der zufolge Taten mehr als Worte wiegen. Schenken Sie dem Sprichwort Glauben! Sie könnten wie die Preisträgerin „Weibliche Führungskraft des Jahres" aussehen und die anderen mit Worten blenden, aber wenn Sie sich dann in Ihrem Führungsverhalten nicht daran halten, haben Sie verspielt. Was verstehe ich unter „Führungsverhalten"? Alles, angefangen von der Art, wie Sie mit Ihrem Vorgesetzten und Ihren Kollegen interagieren, bis zu der Art

und Weise, wie Sie Ihre beruflich-gesellschaftlichen Funktionen handhaben und auf andere in Zwiegesprächen zugehen. Kapitel 4 „Reden Sie wie ein Mann, denken Sie wie eine Frau“ handelt eingehend von Führungsstil und -verhalten.

- Ihre *Sprechweise*, der dritte Teil der Gleichung, ist ein machtvolles Mittel. Sie könnten die tollste Idee der Welt haben, aber wenn Sie bei ihrer Darlegung verzagen, sind Sie schon erledigt, ehe Sie überhaupt angefangen haben. Obwohl die meisten Menschen lernen können, ihre Sprechweise zu verbessern, erfordert dies wirkliche Mühe und Einsatz. Es ist leicht, zu reden und dennoch nicht zu kommunizieren. Sie wollen nicht einfach auf Leute einreden, sondern mit ihnen reden. Gute Kommunikation ist eine Fähigkeit. Und – wie die meisten anderen Fähigkeiten – man kann sie lernen. Kapitel 2 „Holen Sie das Optimum aus Ihren Besprechungen heraus“ und Kapitel 7 „Ihr Auftritt bitte! Halten Sie Ihren Vortrag“ helfen Ihnen dabei, zu lernen, wie Sie anderen Ihre Ideen verkaufen können.

Dieses Buch soll Ihnen zeigen, wie Sie positiv kommunizieren, *wann immer* Sie im Blickpunkt stehen. Die Regeln und Richtlinien für effektive, wirkungsvolle Kommunikation sind gar nicht so schwierig. Man kann sie mit guten Tischsitten vergleichen – wenn man sie erst einmal verinnerlicht hat, werden sie einem zur zweiten Natur. Auch Sie können sich an die Spitze reden, wenn Sie den in diesem Buch gegebenen Ratschlägen folgen und sie bei jeder Gelegenheit, die sich Ihnen bietet, in die Praxis umsetzen. Es kommt mehr darauf an, es einfach zu tun, als Perfektion anstreben zu wollen.

Kürzlich las ich eine Bemerkung von Andy Patti, früher Präsident von Dial Corporation, der den heutigen Arbeitsmarkt in einem einzigen Satz zusammenfasst: „Die Arbeitgeber sagen heute zu ihren Angestellten: ‚Ich verspreche Ihnen nichts, aber wenn Sie mehr wert sind als das, was Sie mich kosten, dann behalte ich Sie.‘“

Genau dabei, will dieses Buch *Ihnen* helfen - machen Sie sich für Ihren Arbeitgeber unentbehrlich. Trotz Arbeitsplatzabbaus und trotz der Schwierigkeiten des Aufstiegs in einer noch immer weitgehend von Männern dominierten Welt bleiben Frauen, die effektiv kommunizieren, nicht nur von Arbeitslosigkeit verschont, sondern steigen an ihrem gegenwärtigen Arbeitsplatz weiter auf oder bekommen sogar einen noch besseren.

1. Verpacken Sie sich selbst

„Ich war bereits acht Jahre lang in meinem Beruf tätig, ehe sich jemand traute, mir zu sagen, dass meine Kleidung mich am Weiterkommen hinderte. Ich trug zu dieser Zeit alles, was mir gefiel. Wenn mir der Blick in den Spiegel verkündete, dass ich gut aussah, reichte mir das. Ich gehörte damals zu den Leuten, die meinen, wenn einem anderen meine Kleidung nicht gefalle, würde dieser auch bald anfangen an meiner Person herumzumäkeln. Dabei entging mir leider, dass meine Ansichten nicht unbedingt richtig waren."

Sie haben gerade meine eigene traurige Geschichte gelesen. Als ich bei Colgate-Palmolive anfing, kleidete ich mich weiterhin so wie früher bei der Werbeagentur Grey Advertising. Warum auch nicht? Schließlich war ich bei der Werbeagentur supererfolgreich und als Krönung mit achtundzwanzig Jahren die erste Vizepräsidentin der Agentur geworden. Es kam mir gar nicht in den Sinn, dass diese Firmen zwei völlig unterschiedliche Welten mit unterschiedlicher Kultur darstellten. In den beiden Firmen kleideten sich die Mitarbeiter anders, sie sprachen und verhielten sich anders. In der Werbung ist man im Allgemeinen lässig, individualistischer und sehr modisch. Für Konzerne hingegen gilt oft das genaue Gegenteil - dort ist man gesetzt, konservativ und neuen Modetrends gegenüber mit Sicherheit nicht aufgeschlossen.

Völlig daneben

In meiner Unkenntnis dieser simplen Tatsachen fuhr ich auf den „Ethno-Look" ab, den damals gängigen Modetrend. Und so kreuzte ich in den heiligen Hallen von Colgate-Palmolive geschmückt mit Perlen und Armreifen auf, trug mit winzigen Spiegelchen besetzte Bolerojacken, weit schwingende Folkloreröcke und Schnürstiefel. (Wie ich damals nur annehmen konnte, dass ich passend gekleidet war, kapiere ich bis heute nicht!)

Ich hing meinen „Werbeklamotten" so lange nach, bis mich eines unvergesslichen Tages mein Chef unter vier Augen zu sprechen wünschte. Er war soeben von der Mittagspause zurückgekommen, wo er einen Martini zu viel getrunken hatte - was ihm offensichtlich den Mut verlieh, mir etwas zu sagen, was ihn schon seit Monaten störte. „Tina", sagte er mit leicht angesäuselter Artikulation, „warum ziehen Sie sich an, als würden Sie zu einem russischen Volkstanz gehen? Ist Ihnen denn nicht aufgefallen, dass sich außer Ihnen sonst niemand so kleidet?" Ich war peinlich berührt und verletzt, vor allem weil ich ihn selber nicht gerade für besonders chic und elegant hielt. Aber nach ein paar Tagen erinnerte ich mich an die alte Weisheit *in vino veritas* - derzufolge im Wein die Wahrheit liegt - und sah ein, dass mein Vorgesetzter mit seiner Bemerkung wohl doch Recht hatte. Offen gestanden war ich blind gewesen und hatte mir überhaupt nicht die Mühe gemacht, darauf zu achten, wie die anderen Führungskräfte im Unternehmen sich kleideten.

Ich begab mich auf den ausgedehntesten Einkaufsbummel meines Lebens. Ich erstand mehrere preisgünstige Kostüme: einige in dunklen, neutralen Farben für den Winter, andere in etwas helleren Tönen für den Sommer. Um für Abwechslung zu sorgen, kaufte ich Blusen in lebhaften Farben und Mustern. Weil Seidenblusen mein Budget überstiegen, begnügte ich mich mit guter Polyesterqualität.

Kurz nachdem ich mich in meiner neuen Garderobe sehen ließ, begannen sich interessante Dinge zu ereignen. Ich übertreibe wirklich nicht, wenn ich Ihnen sage, dass ich nahezu über Nacht häufiger zu Besprechungen der Führungsetage geladen wurde als je zuvor und geradezu eine Flut von Anrufen aus dem Topmanagement erhielt. Auf Konferenzen fragten mich die Leute plötzlich nach meiner Meinung, wo ich früher um Gehör hatte kämpfen müssen. Glauben Sie mir: Als ich begann, wie eine Führungskraft auszusehen, fingen die Leute an, mich wie eine solche zu behandeln. Dies wiederum stärkte mein Selbstvertrauen erheblich. Und genau das brauchte ich, um auf die Überholspur zu gelangen.

Auf die äußere Erscheinung kommt es an

Na schön – jetzt denken Sie also, Sie wüssten alles, was sich über die für den Erfolg wichtige und richtige Kleidung sagen ließe. Kann es denn überhaupt noch etwas Neues zu diesem Thema geben? Allerdings! Hören Sie bitte gut zu und verinnerlichen Sie es.

Ihre äußere Erscheinung trägt mehr als die Hälfte zu dem Eindruck bei, den Sie bei anderen hinterlassen. Eine Studie hat gezeigt, dass 55 Prozent dessen, wie andere Sie wahrnehmen, allein auf Ihrem Äußeren beruhen, was auch Ihre Körpersprache mit einschließt. Die Leute schätzen Sie ungefähr fünf bis sieben Sekunden nach dem ersten Anblick ein, noch ehe Sie also auch nur ein einziges Wort von sich gegeben haben. Ausgehend von Ihrer körperlichen Erscheinung stellt der andere sofort Vermutungen an über Ihren sozialen Status, die Höhe Ihres Einkommens, den Grad Ihrer Bildung. In der letztendlichen Analyse ist es häufig Ihr Äußeres, das den anderen sagt, ob sie die Verbindung mit Ihnen fortführen wollen oder nicht. Kleidung, Frisur und Make-up verraten genauso viel, ja wenn nicht mehr, über Sie wie Ihr Lebenslauf. Wenn die Verpackung Sie dazu motivieren kann, statt des einen lieber einen anderen Lippenstift zu kaufen oder sich lieber für einen Ford Scorpio statt einen Opel Omega zu entscheiden, warum sollte dann dasselbe nicht auch für Sie gelten?

Entwickeln Sie ein Führungsimage

Die meisten Personalmanager stimmen darin überein, dass Stellenbewerber nicht nur über die nötigen Fähigkeiten verfügen müssen, um eingestellt zu werden, sondern auch über das entsprechende Image. Wenn Ihr äußeres Erscheinungsbild in einem Vorstellungsgespräch nicht dem Standard entspricht, wird man Ihre Dienste wahrscheinlich nicht in Anspruch nehmen.

Ein Führungsimage ist nicht nur nötig, um an Bord zu gelangen, sondern auch zwingend notwendig, wenn Sie Ihren Job behalten und aufsteigen wollen. Eine nur mäßige Erscheinung lässt den Wechsel auf die Überholspur zu einem nahezu unmöglichen Anliegen werden. Der heutige, von Konkurrenz geprägte Arbeitsmarkt bringt nur wenig Toleranz für Frauen – aber auch Männer – auf, die aussehen, als gehörten sie gar nicht hierher. Die Unternehmen können genug Anwärter für Führungspositionen rekrutieren, die sich so kleiden, als passten sie perfekt dazu. Warum also sollten Sie Ihre Chancen auf einen wirklichen Erfolg sabotieren, indem Sie etwas außer Acht lassen, das so leicht in Ordnung zu bringen ist, wenn man erst einmal weiß, wie es geht?

Es liegt jedoch ganz allein an Ihnen, zu lernen, wie man ein Führungsimage entwirft. Während manchen Leuten das Wissen, wie man sich kleidet, schon in die Wiege gelegt wurde, müssen andere, so wie ich, erst etwas angeleitet werden. Was auch immer Sie erreichen möchten, Sie sollten immer daran denken, dass es ausschließlich in Ihren Händen liegt.

Wählen Sie Ihre Kleidung passend zum Unternehmen aus

Wie Sie sich kleiden, hängt zum großen Teil davon ab, wo Sie arbeiten. Bei einer Illustrierten etwa ist es möglicherweise in Ordnung, wenn Sie zur Arbeit in Lederhose und Blazer erscheinen (sofern Sie nicht eine Besprechung mit einem Ihrer Anzeigenkunden haben). In einem großen Konzern hingegen verbietet sich dies. In solchen Unternehmen sind Kostüme, Kleider und gelegentlich auch Hosenanzüge der einzig gangbare Weg. Die Veränderung Ihres Image stellt keine Gehirnchirurgie dar, sondern ist lediglich eine Frage der Anpassung an Ihre Umgebung. Wie ein Chamäleon sollen Sie gut dazu passen und sich mit den anderen vermischen - und nicht wie ein exotischer Papagei herausragen.

Wenn Sie eine großartige berufliche Karriere anstreben, ist der Verstoß gegen die Unternehmenskultur und seine Kleidungsmaßstäbe ein gravierender Fehler. Wenn Sie lernen wollen, wie man ein Führungsimage entwickelt, müssen Sie Augen und Ohren weit offen halten. Schauen Sie sich um und beobachten Sie, was erfolgreiche Frauen in Ihrem Unternehmen tragen. Dann vergleichen Sie Ihre Kleidung damit. Kaufen Sie sich Zeitschriften, die Stilratschläge für Führungskräfte geben, und unterziehen Sie Ihre Garderobe Stück für Stück einer kritischen Überprüfung. Welche Botschaften senden Ihre Kleider aus? Etwa: „Ich bin heute früh zu spät aufgestanden und habe einfach irgendetwas angezogen." Ist das so, dann senden Sie die Botschaft aus, dass Ihnen der Beruf nicht besonders wichtig ist. Wenn Sie sich in Freizeitklamotten werfen - verschlunzte Khakihosen, eine ungebügelte Bluse, irgendwelche Latschen -, signalisieren Sie, dass Sie sich für private Vergnügungen, nicht für die Arbeit anziehen und dass Sie Ihren Beruf nicht eben ernst nehmen.

Selbst wenn Sie für eine Firma arbeiten, die den „lässigen Freitag" erlaubt oder sogar dazu ermuntert, sollten Sie es mit Ihrer Lässigkeit nicht übertreiben. Sehen wir der Tatsache doch ins Auge, ein Mann kann ohne Krawatte, in Turnschuhen und Jeans am Arbeitsplatz erscheinen und dennoch die Autoritätsperson sein. Macht eine Frau aber das Gleiche, scheint sich ihr Führungsstatus in Luft aufzulösen. Sie schaut dann nur noch wie eins der „Mädchen" aus dem Schreibbüro aus. Ein weniger formelles Kleid,

Hose und Blazer oder Bluse sind in Ordnung, solange sie von Geschmack zeugen.

Keine billigen Fähnchen

Halten Sie Ihre Kleidung in tadellosem Zustand. Ich kannte bei einem meiner früheren Arbeitgeber eine Frau, die sich tatsächlich Sicherheitsnadeln in ihre Kleider steckte, weil sie ihr zu klein geworden waren. Wenn Ihnen Ihre Klamotten zu eng geworden sind, werfen Sie sie entweder weg, geben Sie sie in die Kleidersammlung oder hängen Sie sie in den Schrank für schlankere Tage. Wofür Sie sich auch immer entscheiden, tragen Sie diese Kleidung nie zur Arbeit. Das Gleiche gilt für ein verknittertes Kostüm oder Kleid. Darin sehen Sie selber zerknittert aus. Heruntergelaufene Absätze und abgestoßene Stellen an Ihren Schuhen vermitteln denselben Eindruck.

Eine gute Faustregel besagt, man solle sich immer so anziehen, als plane man, seinen Chef um eine Gehaltserhöhung zu bitten. Der Morgen, an dem Sie in Ihren verschlunztesten Klamotten aufkreuzen, könnte der Tag sein, an dem Sie gebeten werden, einen wichtigen Kunden zum Mittagessen auszuführen oder einer unerwarteten Besprechung mit Topmanagern des Unternehmens beizuwohnen. Ihr äußeres Erscheinungsbild muss an jedem einzelnen Tag Ihres Berufslebens stimmen. *Es gibt keine Ausnahme von dieser Regel.*

Kleiden Sie sich nicht wie ein Mann

Benehmen und kleiden Sie sich wie eine konventionelle Frau. Extreme schüchtern Männer ein, die ja in den meisten Fällen die Vorgesetzten sind. Eine Frau muss nicht typisch männliche Anzüge anziehen oder einen maskulinen Haarschnitt tragen, um ernst genommen zu werden. Andererseits lenken ultrakurze Röcke, enge Pullis und allzu aufgetakelte Frisuren von Ihnen als Geschäftsfrau genauso ab. Sie sollten darauf abzielen, zuerst als Führungskraft und dann erst als Frau zu erscheinen.

Klein, aber fein

Der Schmuck, den Sie am Arbeitsplatz tragen, sollte nicht zu sehr auffallen. Wenn Sie beispielsweise Ohrringe tragen, sollten Sie keine herabbaumelnden Gehänge wählen. Bevorzugen Sie lieber kleine Perlen oder „Gold"-Stecker. Vergessen Sie klotzige Halsketten. Sie sind im Büro fehl am Platze. Auch Armreife sind zu viel des Guten; eine geschmackvolle Uhr und ein Ring (keine zwei) sind alles, was Sie brauchen. Wenn Sie sich bei der Arbeit mit protzigen Klunkern herausputzen, lenken diese nicht nur von Ihrem Führungsimage ab, sie vernichten es geradezu.

Zum Geschäftsleben passende Fußbekleidung

Was Schuhe und auch Handtaschen angeht, so sollten Sie sich immer vergewissern, dass sie zumindest wie Leder aussehen (ist geschmackvoller) und farblich zusammenpassen. Wenn Sie es versäumen, sie aufeinander abzustimmen, kann dies Ihr gesamtes Erscheinungsbild ruinieren. Wählen Sie neutrale Töne (beige, schwarz, dunkelblau) und vermeiden Sie knallige Farben (rot, pink, kobaltblau etc.). Schlichte geschlossene Pumps sind die einzigen Schuhe, die Sie im Büro tragen sollten. Vergessen Sie Sandalen, Turnschuhe oder alles Klobige oder Komplizierte. Ungeachtet dessen, was Fernsehen und Filme Ihnen weismachen möchten, eignen sich auch Pfennigabsätze eindeutig nicht fürs Berufsleben. Tragen Sie Schuhe mit niedrigen bis mittelhohen Absätzen, in denen Sie sich ungehindert bewegen können, ohne sich das Genick zu brechen. Wenn Sie jemals mit einer Gruppe von Männern den Gang hinuntergehen und diese dann ihren

Schritt verlangsamen müssen, weil Ihre hochhackigen Schuhe Sie zum Schneckentempo zwingen, werden Sie bald erkennen, wie fehl am Platze diese Schuhe in der Geschäftswelt sind.

Ihre Strumpfhose oder Strümpfe sollten entweder hautfarben oder schwarz sein, je nach Ihrer Kleidung. Lassen Sie sich auf keinen Fall in gemusterten Strümpfen oder knalligen Farben erwischen. Ich arbeitete einmal mit einer jungen Frau zusammen, die immer Strümpfe in der Farbe ihres Kleides trug. Wenn sie ein rotes Kleid anhatte, sahen ihre Beine deshalb wie Flamingostelzen aus. Tragen Sie auch keine dunklen Strümpfe zu heller Kleidung oder hellen Schuhen – Sie sehen dann wie ein Bauerntrampel aus, der es nicht besser weiß. Mittlerweile sollte Ihnen auch klar sein, dass Sie nie eine Strumpfhose mit einer Laufmasche tragen dürfen. Bewahren Sie also immer eine oder zwei in Ihrem Schreibtisch auf, für den Fall, dass Sie im Lauf des Tages mit der Strumpfhose irgendwo hängen bleiben.

Handtaschen

Wenn Sie häufig Besprechungen außer Haus wahrnehmen und eine Aktentasche tragen, eignet sich für Sie am besten eine Handtasche mit Schulterriemen, weil Sie auf diese Weise eine Hand frei haben. Vergewissern Sie sich, dass die Tasche eine gediegene Farbe hat und nicht zu groß ist. Sie sollte nicht wie ein Gepäckstück wirken! Und noch ein Tipp: Schleppen Sie Ihre Handtasche nicht die ganze Zeit mit sich im Büro herum. Dadurch würde die Tasche allen „Ich bin eine Frau“ zuposaunen, anstatt dazu beizutragen, dass Sie als weibliches Wesen nicht auffallen. Verschließen Sie sie stattdessen in Ihrer Schreibtischschublade. Manche erfolgreichen Frauen, insbesondere hochrangige politische Führungspersönlichkeiten, vermeiden Handtaschen überhaupt. Meine Freundin Kay Wight, Exvizepräsidentin von CBS und frühere Beauftragte für die Gleichstellung von Frauen, wählt absichtlich Anzüge mit Taschen, die groß genug für ihre Make-up-Utensilien und ihre Geldbörse sind, damit sie keine Handtasche braucht. Und Mary Robinson, die Expräsidentin von Irland, hat man von dem Tag, an dem sie ihre Kandidatur bekannt gab, bis zu dem Tag, an dem sie ihr Amtsbüro wieder verließ, niemals mit einer Handtasche gesehen.

Körperpflege

Körperpflege klingt bei Gott fürchterlich langweilig! Das mag ja durchaus sein, aber wenn Sie hier versagen, rauschen Sie beim Grundkurs Führungsimage mit Pauken und Trompeten durch. Wahrscheinlich haben Sie das Meiste schon einmal gehört, aber in Anbetracht der Vermittlung von Sauberkeit wird es hier noch einmal präsentiert.

Plitsch, platsch - duschen oder baden Sie täglich. Manche Leute tun es nicht, man riecht es, und ihre bedauernswerten Kollegen leiden darunter. Unangenehmer Körpergeruch gehört zu den widerwärtigsten Dingen überhaupt. Es gibt nichts Schlimmeres, als neben einer Person zu stehen, die so riecht, dass Sie sich am liebsten die Nase zuhalten würden, bis sie wieder geht.

Glauben Sie mir, es gibt Menschen, die die Grundregeln der Sauberkeit nicht beachten. Ich war einmal Vorgesetzte einer ansonsten lieben und netten Frau, die so übel roch, dass sich ihre Kollegen bei mir beschwerten und nicht mehr mit ihr zusammenarbeiten wollten. Weil sie eine wertvolle Angestellte war und ich sie mochte, entschloss ich mich, die Angelegenheit mit ihr zu besprechen. Natürlich war dies ein heikles Thema, und obwohl sie in unserem Gespräch darauf beharrte, jeden Tag zu baden (was sie nicht tat, man roch es), nahm sie sich schließlich die Mahnungen zu Herzen, und das Problem war aus der Luft.

Die Moral dieser Geschichte lautet also: Baden oder duschen Sie täglich, benutzen Sie ein Deodorant, versuchen Sie, gut und sauber zu riechen. Es gibt keinen besseren Geruch als Ihren eigenen frischen.

Aufdringliche Parfumschwaden wirken ebenfalls abstoßend, vor allem auf Männer. Sie können jede Wette eingehen, dass Sie zu viel erwischt haben, wenn Ihr Parfum von Ihrer Ankunft kündet, noch ehe Sie zur Tür hereinkommen. Bei Colgate arbeitete ich mit einer älteren Frau zusammen, die sich dessen nicht bewusst war. Sie begoss sich derart mit Duftwässerchen, dass man sie schon riechen konnte, ehe sie um die Ecke bog. Die Kollegen rissen ihre Bürofenster auf, nachdem sie das Zimmer verlassen hatte, und fächelten sich Frischluft zu. Man muss nicht betonen, dass die Kollegen von ihrem Parfum derart abgelenkt wurden, dass es ihnen schwer fiel, ihre Ideen ernst zu nehmen.

Ihre Hände

Die Leute achten mehr auf Ihre Hände, als Ihnen bewusst ist; halten Sie also Ihre Fingernägel unbedingt peinlich sauber. Bei Trauerrändern unter den Fingernägeln meint man, Sie wären insgesamt schmuddelig. Abgeblätterter Nagellack schaut genauso scheußlich aus wie ein Fleck auf Ihrer Kleidung. Es ist auch eine gute Idee, wenn Sie Ihre Nägel immer kurz schneiden. Fünf Zentimeter lange Hexenfingernägel, egal ob echt oder künstlich, sind völlig fehl am Platze. Das Gleiche gilt für ungewöhnliche Nagellackfarben und Glitzerzeug auf Ihren Fingernägeln. Vermeiden Sie auch knallroten Nagellack. Wählen Sie stattdessen zartrosa oder hautfarbene Töne. Das wirkt nicht nur natürlicher, bei diesen Farbtönen fällt es auch weniger auf, falls der Nagellack doch einmal ein wenig abblättert.

Gepflegtes Haar

Achten Sie darauf, dass Ihre Haare sauber und gekämmt sind. Wilde Wuschelfrisuren gehören nicht ins Büro. Damit sehen Sie wie ein ungemachtes Bett aus, und Ihre Haartracht sendet ein Image aus, das überhaupt nicht zu einer Führungspersönlichkeit passt. Wenn Sie Ihre Haare färben, sollten Sie schlau genug sein, mit dem Nachfärben nicht zu lange zu warten. Einer meiner Klienten, der Rektor einer sehr großen Universität, klagte ständig darüber, dass seine Kolleginnen dem Tönen und Färben ihrer Haare nicht genug Beachtung schenken. Es schien so, als würden sie die dunklen Haarwurzeln monatelang herauswachsen lassen. Aus diesem Grund wollte er sie nicht so recht bitten, die Universität bei wichtigen Geldgebern zu vertreten. Anscheinend kam keine dieser Frauen auf die Idee, dass es lediglich eine einfache Flasche Haarfärbemittel war, was zwischen ihnen und einem günstigeren Image in den Augen ihres Chefs stand.

Ihre Zähne

Es erstaunt einen, dass manche Leute etwas so Sichtbares wie ihre Zähne übersehen. Nichts ruiniert Ihre gute äußere Erscheinung so sehr wie gelbe bzw. schiefe Zähne oder sichtbare Lücken. Um Ihre perlweißen Beißerchen in gute Form zu bekommen, sollten Sie die neuen Techniken der Dentalästhetik nutzen. Dabei kommt von Bleichen über die Korrektur schiefer Zähne bis hin zur grundlegenden Sanierung des Gebisses unter kosmetischen Gesichtspunkten alles infrage. Gewiss, das kann ein hübsches Sümmchen kosten, aber auch wahre Wunder für Ihr Äußeres und Ihren Ruf bewirken.

Wenn Sie den Mund aufmachen, ist nicht nur das, was Sie sagen, wichtig, sondern auch Ihr Aussehen, wenn Sie es sagen.

Ich hatte einmal eine Assistentin im Alter von gut zwanzig Jahren, die sehr gut aussah - bis sie lächelte. Ihre Zähne wiesen eine große Lücke auf, die in einem verblüffenden Widerspruch zu ihrer eleganten Erscheinung einer kühlen Blondine stand. Als wir uns eines Tages unterhielten, überkam es mich einfach, sie - so behutsam wie möglich - zu fragen, ob sie je daran gedacht habe, sich die Zähne richten zu lassen. Sie erwiderte, sie halte es nicht für notwendig, worauf ich aus den Pantinen kippte, weil die Lücke so auffiel. Ihrer Meinung nach taten ihre Zähne ganz gut ihren Dienst, warum sollte sie sich also der Mühe einer langwierigen Zahnbehandlung unterziehen, obwohl ihre Eltern die Kosten dafür gern übernommen hätten? Sie wusste wohl nicht, dass die meisten im Büro sie als „die hübsche Blonde mit der großen Lücke in den Schneidezähnen" beschrieben. Dieser offensichtliche Makel ließ sie beinahe dümmlich aussehen und machte so ihre ansonsten attraktive, professionelle Erscheinung zunichte. Letzten Endes hinderte er sie am beruflichen Fortkommen, weil er so sehr ins Auge fiel.

Pusten Sie doch mal!

Achten Sie auf Ihren Atem. Tragen Sie immer Mundspray, Tic-Tacs oder irgendeinen anderen auf dem Markt erhältlichen Frischmacher bei sich, um sicherzugehen, dass Ihr Atem niemanden umhaut. Ich arbeitete einmal mit einer Führungskraft in der Kosmetikindustrie zusammen, die immer elegant gekleidet und geschminkt war. Dennoch sagte jeder scherzhaft über sie „Mundgeruch wie ein alter Fisch". Trotz ihres großzügigen Gebrauchs von Parfum überdeckte ihr Mundgeruch alle anderen Düfte. Sie wurde zwar nicht entlassen (sie befand sich zu weit oben), aber man war nicht eben darauf erpicht, mit ihr zu reden, und noch viel weniger, bei einem Essen neben ihr zu sitzen. Mundgeruch war der Dolchstoß für das Image, an dem sie so intensiv arbeitete.

Schwabbelattacke

Ich erzähle Ihnen nichts Neues, aber nichts ruiniert Ihre äußere Erscheinung schneller als Schwabbelfett. Übergewicht ist nicht nur unattraktiv, sondern erschwert es Ihnen zudem, gut sitzende Kleidung zu finden. Sind Sie durchtrainiert und fit, steigt auch Ihr Selbstvertrauen, und Ihr Image ist positiv. Wenn Sie in Form bleiben, sendet das die Botschaft, dass Sie die Kontrolle über Ihren Geist und Ihren Körper haben.

Körpersprache

Ihre Körpersprache stellt eine Erweiterung Ihrer äußeren Erscheinung dar. Ein kürzlich im *Wall Street Journal* erschienener Artikel konstatiert: „Körpersprache ... sagt oft mehr als die gesprochenen Worte aus."

Negative Körpersprache kann sich als katastrophal für Ihre Karriere erweisen, ganz egal, wie gut Sie alles andere zu tun vermögen. Bewegen Sie sich wie eine Führungskraft? Strahlen Ihre Augen Selbstvertrauen aus? Signalisiert Ihr Körper, dass Sie zu den Gewinnern gehören? Sowohl im Berufs- wie auch im Privatleben hat Ihre Körpersprache einen wichtigen Anteil an Ihrem Erfolg oder Fehlschlag.

Das Aussehen einer Führungspersönlichkeit

Manche Leute haben „es", andere haben es nicht. Worin genau besteht diese komplexe Kombination, die jemanden als eine hochgradige Führungskraft, unabhängig von Alter oder Position, ausweist? Ein wichtiger Faktor der Gleichung ist positive Körpersprache. Sie unterscheidet auf feine, aber unmissverständliche Weise Gewinner von Verlierern. Einen Kadetten der amerikanischen West-

Point-Militärakademie kann man sich nicht mit Rundrücken vorstellen. Darin liegt eine Botschaft. Führungspersönlichkeiten wissen, wie sie durch den richtigen Einsatz ihres Körpers anderen ihren Status vermitteln. Auch Sie können das. Und zwar folgendermaßen:

Stehen Sie aufrecht

Heben Sie den Kopf, halten Sie die Schultern gerade und richten Sie den Blick leicht nach oben. Das alles bewirkt, dass Sie mehr Selbstvertrauen ausstrahlen.

Stellen Sie Blickkontakt her

Eine wirkliche Führungspersönlichkeit scheut nicht davor zurück, mit anderen unmittelbaren Kontakt aufzunehmen. Vergewissern Sie sich, dass Sie während eines Gesprächs direkten Blickkontakt halten. Das zeugt von Charakter und Selbstvertrauen.

Sitzen Sie gerade

Führungspersönlichkeiten wirken interessiert und am Geschehen beteiligt. Sie sitzen bei Besprechungen aufrecht und ruhig da. Auch Sie sollten sich so verhalten. Lümmeln Sie sich nicht in Ihren Stuhl; das wirkt gelangweilt. Legen Sie stattdessen die Arme auf den Tisch (sofern es einen gibt) und beugen Sie sich leicht nach vorn. So erscheinen Sie gleich stärker beteiligt. Nesteln Sie nicht an etwas herum. Sie wollen doch entspannt aussehen.

Lassen Sie den Leuten Luft zum Atmen

Erfolgreiche Menschen wissen um die Bedeutung des körperlichen Freiraums und respektieren die Platzbedürfnisse der anderen. Sie stellen sich niemals so nahe zu anderen, dass diese sich eingekesselt und bedroht fühlen.

Wirken Sie lebendig

Eine erfolgreiche Führungspersönlichkeit weiß, dass es für ihre Karriere entscheidend ist, Energie und Begeisterung auszustrahlen. Wirken Sie immer hellwach und bereit für Geschäfte, selbst wenn Sie die ganze Nacht nicht ins Bett gekommen sind. Menschen, die sich langsam und wie im Halbschlaf bewegen, gelten als Langeweiler.

Schütteln Sie dem anderen die Hand

Die selbstbewusstesten Frauen vermitteln dies in ihrem Händedruck - fest, nicht lasch. Sie zögern nie, als Erste die Hand auszustrecken. Männer wissen seit jeher, dass ein freundlicher Handschlag positive Strömungen aussendet. Manche Frauen halten es für unweiblich, anderen die Hand zu geben; sie irren sich. Der Händedruck stellt überall in der westlichen Welt eine akzeptierte und willkommene Begrüßung im Geschäftsleben dar.

Bewahren Sie die Ruhe

Führungskräfte wissen, wie sie in Krisensituationen und auch im Alltag die Ruhe bewahren. Leute, die bei jeder Kleinigkeit in Hektik geraten und angesichts des kleinsten Problems überreagieren, kommen selten voran. Sie bringen nicht nur alle anderen zum Bibbern, sondern man kann sich obendrein auch nicht darauf verlassen, dass sie im Fall ernster Schwierigkeiten die Führung übernehmen. Um beherrscht zu erscheinen, vermeiden Sie es, die Hände zu ringen, nervös im Zimmer herumzublicken oder ständig die Stirn zu runzeln.

Zeigen Sie Offenheit

Geachtete Führungskräfte kennen den Wert eines offenen und zugänglichen Auftretens. Vor allem Männer bekunden dies, indem Sie die Arme öffnen und mit geöffneten statt gekreuzten Füßen stehen und sitzen sowie ihr Jackett aufknöpfen, wenn Sie zum Geschäftlichen kommen.

Die Macht des Lächelns

Wollen Sie Ihr Gesicht erhellen? Einen ganzen Raum? Dann lächeln Sie! Ein unwiderstehliches Lächeln bewirkt, dass andere Menschen Sie gern kennen lernen möchten. Ob Sie lächeln oder nicht, trägt eine große Bedeutung. Dadurch vermitteln Sie entweder Persönlichkeit und Selbstvertrauen oder den Mangel an beidem. Zudem ist ein Lächeln ein überall gültiges Symbol der Zustimmung, ganz unabhängig vom Kulturkreis. Stellen Sie es sich als eine globale Chemie vor.

Nonverbaler Fehler

Körpersprache verrät über die Leute am Arbeitsplatz mehr, als diese ahnen. Meiner Freundin Brandi, einer Aktienhändlerin in den Dreißigern, will anscheinend der große Sprung nach vorn nicht recht gelingen. Ich wunderte mich oft weshalb, bis wir gemeinsam an einer Besprechung teilnahmen. Ich erkannte schnell, dass ihre Körpersprache ihr schadete. Wenn man ihr eine Frage stellte, richtete sie den Blick nach unten statt nach vorn. Während der gesamten Besprechung wippte sie mit dem Fuß und stellte so ihre Nervosität unter Beweis. Ein anderer Geschäftspartner, Brad, hat ein ähnliches Karriereproblem. In Gesprächen im kleinen Kreis kann er sich deutlich und klar ausdrücken. Wenn er hingegen vor einer Gruppe von Menschen spricht, fängt er an, vor- und zurückzuschaukeln. Obwohl Brad sich dessen nicht bewusst war, bis ich ihn darauf hinwies, fragte er sich oft, weshalb seine Zuhörer sich für das, was er sagte, nicht zu interessieren schienen.

Während negative Körpersprache Ihre verbale Botschaft untergraben kann, vermag geschickte Körpersprache sie zu verstärken. Strafverteidiger wissen schon lange, dass die Körpersprache eine mächtige Waffe im Gerichtssaal darstellt. In den USA geht das so weit, dass manche

Anwälte einen Coach anheuern, der ihnen zeigt, wie man wirkungsvollen Blickkontakt mit den Geschworenen herstellt. Nonverbale Kommunikation wird in Gerichtsverfahren als derart effektiv betrachtet, dass einige Richter ihrem Einsatz schon Schranken zu setzen versuchen.

Jeder Teil von Ihnen „spricht"

Jeder bewegliche Teil Ihres Körpers „spricht". Nehmen wir beispielsweise Ihr Gesicht: Wenn Sie die Augenbrauen heben, zeigen Sie Überraschung oder Missbilligung. Ihre Augen, der „Spiegel der Seele", können buchstäblich alles offenbaren - Liebe, Hass, Entsetzen etc. -, je nach Ihrer Stimmung. Ein Stirnrunzeln verrät den Leuten Ihre Verwirrung. Wenn Sie die Nase rümpfen, tun Sie Ihre Abneigung kund.

Ihre übrigen Körperteile verfügen ebenfalls über ihre eigene Sprache. Ein Schulterzucken sagt: „Das ist mir völlig egal"; Fingertrommeln verkündet: „Das langweilt mich, machen wir doch endlich weiter"; wippende Zehen signalisieren deutlich Nervosität.

Lesen Sie es mir vom Mund ab

Weil *jeder* Körpersprache einsetzt, ist es wichtig, nicht nur die eigene zu kontrollieren, sondern man muss auch darauf achten, was andere durch ihren Körper ausdrücken. Die Körpersprache wird Ihnen verkünden, was der andere denkt, und so wissen Sie eher, wie Sie reagieren sollen.

Auf folgende Körpersignale sollten Sie achten:

Abgewandter Blick

Wenn jemand Sie nicht direkt anschaut, während Sie reden, sendet er eine klare Botschaft aus. Vielleicht will er seine Gleichgültigkeit zeigen und ausdrücken, dass er

Ihnen gar nicht zuhören möchte. Andererseits können aber auch Sie das Problem verursachen. Vielleicht schwafeln Sie zu lange, und Ihr Gesprächspartner möchte Sie deshalb ausblenden.

Weit entfernt

Wenn Sie am Konferenztisch sitzen und Ihr Tischnachbar auf seinem Stuhl zu der Seite rutscht, die am weitesten von Ihnen weg ist, und Ihnen dabei leicht den Rücken zukehrt, sollten Sie aufpassen! Dies signalisiert, dass der andere Sie entweder nicht sympathisch findet oder sauer auf Sie ist und deshalb so weit wie möglich von Ihnen wegrücken möchte.

Wegbleiben

Wenn Leute die Arme vor der Brust verschränken, kann dies Verärgerung ausdrücken oder es kann ein Zeichen sein, dass man ihnen nicht zu nahe kommen soll. Auf jeden Fall handelt es sich hierbei um sehr negative Körpersprache, die zum Ausdruck bringt, dass der andere nicht offen für Sie ist.

Kulturelle Unterschiede

Unterschiedliche Kulturen haben unterschiedliche Körpersprache. Asiaten beispielsweise halten direkten Blickkontakt für aufdringlich. Stattdessen schauen sie lieber den anderen von der Seite her an. In Lateinamerika wenden Arbeitnehmer respektvoll den Blick ab, wenn sie mit dem Vorgesetzten reden. Dasselbe gilt für Japaner.

Selbst das Heben des Fingers hat auf der Welt unterschiedliche Bedeutungen. In Amerika winken manche Leute mit dem Zeigefinger, um die Aufmerksamkeit des Kellners auf sich zu ziehen. In Australien ist dieses Zeichen reserviert, um die „Damen des Abends“ aufzufordern. Der Gebrauch dieses Zeichens wird in Jugoslawien und Malaysia als Beleidigung verstanden. Dort ruft man damit nur Tiere.

Das Zeichen, bei dem Daumen und Zeigefinger sich zu einem Kreis schließen und das in Amerika als O.K.-Zeichen verstanden wird, sowie das V aus Zeige- und Mittelfinger als Siegeszeichen bedeuten z.T. in Europa und vielen lateinamerikanischen Ländern eine derbe Beleidigung. Anstatt zu signalisieren, dass alles bestens ist, bedeutet es hier: „Schieb's dir in den Hintern!" Präsident Nixon musste dies unangenehmerweise auf seiner Reise nach Chile erfahren, als er sein vertrautes Siegeszeichen demonstrierte.

Fingerspitzengefühl für Farben

Farben – als Erweiterung der Körpersprache verstanden – senden in der Berufswelt ebenfalls machtvolle Botschaften aus. Auch sie wirken sich darauf aus, welche Meinung andere von Ihnen haben. Laut Ellen Olsen, Lehrerin am Colorado Institute of Art, beeinflussen Farben die Art und Weise, wie die Leute auf einen reagieren.

Unternehmensneulinge sollten besonders auf die Umgebung achten, in der sie arbeiten, und sich der Farben bewusst werden, die erfolgreiche Führungskräfte tragen.

Mangelndes Fingerspitzengefühl für Farben kann eine Karriere ruinieren.

Fallbeispiel: Charleen, eine Banknachwuchskraft aus dem amerikanischen Südwesten, trat eine neue Stelle bei einer großen Bank in Boston an. An ihrem ersten Arbeitstag fiel ihr auf, dass viele Frauen in düsteren Grau- und Blaunuancen gekleidet waren. In der Meinung, sie würde ein wenig Farbe in die Bank bringen, entschloss sie sich, zu einer wichtigen Besprechung mit einem der größten Kunden der Bank ein flottes purpurrotes Kostüm und eine dazu passende Bluse zu tragen. Ein anderes Mal wählte sie ein senffarbenes Kostüm mit Schuhen im selben

Ton für eine Begegnung mit dem Präsidenten der Bank. Inzwischen hielt Charleens Vorgesetzter ihre Einstellung für einen großen Fehler. Er war überzeugt, sie gehöre nicht hierher. Es war ihr Glück, dass eine andere Führungskraft Charleen beiseite nahm und sie in puncto Farben aufklärte - dass in der konservativen Bankenwelt neutrale Farben als passender angesehen werden. Als relativer Neuling in der Welt der Großunternehmen hatte Charleen keinen Schimmer, dass sie einen derart dürftigen Eindruck hinterließ.

Nichtsdestotrotz wäre die Welt ohne Farben ein düsterer Ort. Wer möchte schon wie eine kleine graue Maus aussehen? Sie sollten nur darauf achten, wie Sie Ihre Farben einsetzen, insbesondere im Büro. Wenn Sie erst einmal eine Weile bei einem Unternehmen gearbeitet haben, können Sie sich entscheiden, inwieweit Sie sich mit der Masse vermischen oder davon abheben wollen. Das Büro ist allerdings nicht der Ort, an dem Sie Ihren Farbrausch ausleben sollten, wenn Sie ernst genommen werden möchten. Für wichtige geschäftliche Besprechungen sollten Sie am besten neutrale Farben wählen. Sie können beispielsweise ein beiges Kostüm mit einer roten Bluse aufpeppen.

Der Sommer ist hingegen die Jahreszeit, in der Sie Farben ein wenig kräftiger einsetzen können. Dann werden buntere Töne viel eher akzeptiert. Laut *New York Times* zeigen sich selbst Männer, die die meiste Zeit in Grau und Blau daherkommen, in puncto Farben bei der Sommerkleidung ein wenig abenteuerlustiger. Beachten Sie, dass man an der Ostküste der USA und in den nördlichen Ländern Europas jedoch dazu neigt, das ganze Jahr über dunklere Farben zu tragen. Je weiter man nach Westen bzw. Süden kommt, umso heller werden die Farben, unabhängig von der Jahreszeit. Wenn Sie also zu einer Besprechung an die amerikanische Ostküste reisen, könnten Sie als ein an Mode interessiertes Leichtgewicht daherkommen, wenn Sie im tiefsten Winter im pastellfarbenen Kostüm erscheinen - vor allem wenn Sie Schuhe in derselben Farbe tragen.

Farbpsychologie ist eine Wissenschaft für sich. Experten zufolge beeinflusst Ihre Farbwahl die Reaktionen anderer Leute auf Sie. Fachleute sagen Folgendes zu den gebräuchlichsten Farben:

Rot

zeigt Stabilität und Ehrgeiz an. Man beachtet Sie, wenn Sie Rot tragen. (Wenn ich einen Vortrag halte, trage ich immer eine rote Bluse mit einem Kostüm in einer unauffälligen Farbe.)

Weiß

ist ein Symbol für Unschuld. Tragen Sie Weiß, wenn Sie wollen, dass man Sie für vertrauenswürdig hält. (Wählen Sie es auch im Hochsommer.)

Blau

steht für Loyalität und Ehrlichkeit. Je dunkler der Farbton, desto intensiver die emotionale Bedeutung. (Dunkelblau ist die perfekte Farbe, wenn Sie eine Gehaltserhöhung anstreben.)

Schwarz

ist eine Machtfarbe, die ausdrückt, dass man Sie ernst nehmen sollte. (Ich trage Schwarz, wenn ich die Wirkung erzielen möchte, dass ich die Kontrolle habe und kein Nein als Antwort akzeptiere.)

Grün

ist eine positive Farbe, der Farbton der Natur. Es ist erquickend und heilsam. (Im Sommer trage ich es abends zu Geschäftsterminen, niemals tagsüber.)

Gelb

wird oft von optimistischen, fröhlichen Menschen getragen. (Es liegt an Ihnen.)

Grau

ist die Lieblingsfarbe im Berufsleben. Es vermittelt den Eindruck, dass Sie rechtschaffen sind und Ihren Beruf ernst nehmen. (Bitte aufpassen! Darauf kommt es auch wirklich an.)

Purpurrot

wird oft als königliche Farbe betrachtet. Es kann andeuten, dass Sie sich für einzigartig und etwas Besonderes halten.

Rosa

ist eine „beruhigende“ Farbe und deutet Unschuld und Weiblichkeit an. (Experten raten dazu, es in einer Situation zu tragen, in der Sie die Emotionen unter Kontrolle halten wollen.)

Aufrichtiges Geständnis

Nach dem oben Gesagten gestehe ich meine Liebe zu bunten Farben. Ich schwelge nur zu gern in den Tönen des Regenbogens, wenn es passt, vor allem im Sommer. An einem schönen Junimorgen wurde mir tatsächlich gesagt, ich sähe wie eine Blume aus (meine Aufmachung war rosa, mit Ausnahme meiner beigen Schuhe). Doch müssen Sie wissen, dass ich damals im kreativen Bereich – in der Werbung – arbeitete, wo mir ein gewisser Spielraum zugestanden wurde. Wenn Sie jedoch beispielsweise in der Buchhaltung eines großen Unternehmens tätig sind, machen sich lebhafte Farben selbst im Sommer nicht besonders gut. Sie müssen andere beobachten und dann für sich selbst entscheiden, was zu Ihrem Unternehmen passt; zeigen Sie bei der Farbwahl Fingerspitzengefühl.

Der Griff nach den Sternen

Ihre äußere Erscheinung kann entweder eine Brücke oder aber ein Hindernis bei Ihrem Aufstieg zur Spitze darstellen. Es verblüfft einen geradezu, wie manche Frauen drei Stunden lang nach dem passenden Kleid für eine bestimmte Party suchen können, aber wenige oder gar keinen Gedanken an die richtige Aufmachung für das Büro verschwenden. Dies ist umso verwunderlicher, als eine Party nur einen Abend lang dauert, der Beruf hingegen Ihre *Zukunft* bedeutet. Andere ignorieren völlig die Auswirkungen negativer Körpersprache und wundern sich, warum es mit ihrer Karriere nicht schneller vorangeht. Ihr Erscheinungsbild und Ihre Körpersprache sind Schlüsselfaktoren der Kommunikation, die eine Menge Aufmerksamkeit und Nachdenken verdienen, bis Sie sie richtig hinbekommen. Sie haben womöglich nie so viel Glück wie ich, dass eine Person, deren Meinung zählt, Ihr Aussehen kritisiert, oder Sie sind vielleicht völlig blind dafür, was Ihre Körpersprache aussagt. Üben Sie also selbst Kritik an sich. Diese nun folgenden Fragen können Ihnen dabei helfen:

Schneller Fragebogen für angehende Führungskräfte

1. Habe ich verstanden, wie ich nach Meinung meines Unternehmens aussehen sollte?
2. Beobachte ich, wie sich andere Frauen der Führungsebene kleiden?
3. Habe ich eine Spitzenführungskraft ausgemacht, deren Aussehen ich nachahmen könnte?
4. Habe ich meine Garderobe kürzlich einer kritischen Betrachtung unterzogen und will ich zu enge, abgetragene oder anderweitig unpassende Kleidung aussortieren?
5. Machen mir andere Leute Komplimente wegen meiner Frisur, oder weiß ich insgeheim, dass sie unpassend wirkt?
6. Sind meine Accessoires klein und konservativ?
7. Befolge ich die Grundregeln guter Körperpflege – täglich duschen oder baden, Deodorant, frischer Atem?
8. Signalisiert meine Körpersprache, dass ich eine Führungskraft bin, oder drückt sie eher aus, dass ich nicht dazugehöre?
9. Bin ich empfänglich für das, was andere Leute mir mit ihrer Körpersprache verraten?
10. Trommle ich mit den Fingern, wippe ich mit dem Fuß, zerzwirble ich mir das Haar oder habe ich diese Gewohnheiten im Griff?
11. Achte ich darauf, dass die anderen genügend Raum um sich haben?
12. Setze ich wirklich meine Augen ein, um Begeisterung, Interesse, Anteilnahme und Verständnis zu vermitteln?

2. Holen Sie das Optimale aus Ihren Besprechungen heraus

Monatelang spürte ich, dass die Anzeigenkampagne für die neue Tierfutterabteilung meines Unternehmens ziemlich schlecht war. Obwohl ich recht weit unten auf der firmeninternen Messlatte rangierte, entschloss ich mich, das Thema bei der wöchentlichen Besprechung neuer Produkte zur Sprache zu bringen. Aber zuerst ließ ich meine zwei jungen Hunde von einem befreundeten Fotografen in entzückenden Posen ablichten. Ich brachte die Fotos mit zur Besprechung und erklärte beim Herumreichen, dass sie meines Erachtens näher an die Botschaft herankämen, die das Unternehmen bezüglich seiner Produkte aussenden wollte. Als alle endlich mit ihren „Ohs" und „Ahs" fertig waren, erklärte der Manager für Kundenwerbung nicht nur, dass er mein Argument verstanden habe, er beförderte mich auch kurze Zeit später. Und er engagierte obendrein den Fotografen! Die Hundefotos hängen heute gerahmt in meinem Büro, um alle an meine Idee zu erinnern. Konfuzius scherzte nicht, als er sagte: „Ein Bild sagt mehr als tausend Worte."

Paulas Geschichte gibt uns ein gutes Beispiel, wie Sie das Optimale aus Ihren Besprechungen herausholen können - wie Sie das Beste aus einem Forum machen können, das es in praktisch jedem Unternehmen gibt. Wie oft haben Sie schon eine Kollegin oder einen Kunden angerufen, nur um feststellen zu müssen, dass sie oder er sich gerade in einer Besprechung befand? Schätzungsweise verbringt die durchschnittliche Führungskraft das Äquivalent eines Tages pro Woche in irgendwelchen Besprechungen, ob nun unter vier Augen mit einem Kollegen oder in einer richtiggehenden Konferenz mit vielen Teilnehmern.

Obwohl manche Führungskräfte darüber klagen, dass Besprechungen eine große Zeitverschwendung darstellen, sind diese Sitzungen unabdingbar für die vielen Entscheidungen, die ein Unternehmen betreffen. Besprechungen helfen nicht nur den Managern, einander kennen zu lernen, sie stellen zudem eine tolle Gelegenheit für jüngere Teammitglieder wie Paula dar, ihr Können ins rechte Licht zu rücken. *Und vor allem können Besprechungen Ihre Karriere fördern oder ruinieren!*

Faire Warnung

Wie Sie sich in Besprechungen verhalten – ob Sie Ideen oder Lösungen für die zur Diskussion stehenden Probleme einbringen oder sich zurückhalten und so tun, als ginge Sie das gar nichts an –, kann einen ausschlaggebenden Faktor bei der Entscheidung darstellen, ob Sie aufsteigen, an Ihrem gegenwärtigen Arbeitsplatz bleiben oder sich gar Ihre Entlassungspapiere holen dürfen.

In meiner mehr als zwanzigjährigen Tätigkeit für einige von Amerikas mächtigsten Vorstandsvorsitzenden wurde ich zu einer Unzahl Besprechungen gebeten (oder wohl eher zitiert). Einige raubten mir bloß die Zeit, aber die meisten offenbarten unfehlbar, wer die potenziellen Gewinner oder Verlierer waren. Irgendwie ragten die Leute, die über das verfügen, was man zum Erfolg braucht, immer heraus. Sie waren im Allgemeinen ihren Kollegen einen Schritt voraus. Manchmal war das, was sie unterschied, nicht zu definieren; vielleicht war es nur die Art, wie sie sprachen und aussahen. Manchmal war es sonnenklar, dass sie zum Rhythmus eines anderen Trommlers marschierten – eines Trommlers, der offensichtlich besser als der Rest spielte.

Es verblüfft mich immer wieder, dass die Leute nicht erkennen, dass alle Besprechungen eine verborgene Tagesordnung haben – und dass es wirklich mit entscheidend ist, wer „sie" hat und wer nicht. Glücklicherweise wurde ich als zur ersten Kategorie gehörig befunden. Ich bin überzeugt, dass meine Leistung in einigen dieser Sitzungen zum Teil für meinen Erfolg im Berufsleben verantwortlich war.

Besprechungen stellen eine der wichtigsten Arenen dar, in denen Sie Ihre Führungsfähigkeiten und Fertigkeiten den anderen vermitteln können. Wenn Sie diese Sitzungen aber auf die leichte Schulter nehmen, schieben Sie bitte nicht die Schuld auf andere, wenn eine dunkle Wolke Ihre Laufbahn überschattet. Sie haben hier eine faire Warnung von der ultimativen „Sitzungsoptimiererin" bekommen!

Vorzügliche Teilnahme

In einer Besprechung können Sie eine von mehreren Rollen übernehmen – Vorsitzende, Teilnehmerin oder Vortragende. Jede Rolle erfordert unterschiedliche Fertigkeiten und ist gleichermaßen wichtig. Nur weil Sie nicht im Rampenlicht stehen und nicht die Besprechung leiten, bedeutet das nicht, dass Sie sich zurücklehnen und Däumchen drehen können.

Manche Frauen partizipieren an Besprechungen in einer derartig passiven Weise, dass sie sich genauso gut die Mühe sparen könnten, daran teilzunehmen. Sie schleichen herein, setzen sich ganz weit nach hinten und öffnen kaum den Mund, sofern sie nicht direkt gefragt werden.

Wenn dies Ihr Verhalten beschreibt, wachen Sie auf! Sie lassen sich eine ideale Gelegenheit zu glänzen entgehen.

So können Sie Ihr Verhalten bei Sitzungen aufpolieren:

1. Na gut, es mag selbstverständlich klingen, aber wenn Sie wissen, dass eine wichtige Besprechung ansteht, sollten Sie ein paar Gedanken darauf verwenden, was Sie anziehen werden. Stellen Sie sicher, dass Sie selbstbewusst und hellwach wirken. Anstatt in puncto Garderobe zu improvisieren, ist nun womöglich die Zeit gekommen, dieses schicke dunkelblaue Kostüm herauszuholen, das Ihr Führungsimage so hervorragend unterstreicht. Stehen Sie auch früh genug auf, damit Sie sich besonders sorgfältig frisieren und schminken können. Weil viele Besprechungen gleich als Allererstes am Morgen abgehalten werden, sollten Sie am Abend vorher nicht bis in die Puppen aufbleiben. Wenn Sie noch halb schlafen, werden Sie keine besonders gute Vorstellung geben können.
2. Seien Sie pünktlich da, lieber ein paar Minuten zu früh. Wenn Sie zu spät kommen, senden Sie das vernichtende Signal aus, dass Sie alles, was Sie sonst tun, für wichtiger als die anstehenden beruflichen Aufgaben halten. Überdies sind die paar Minuten vor dem Besprechungsbeginn die beste Zeit für ein wenig beiläufige Diplomatie.

   Wenn Sie vor dem Sitzungsende gehen müssen, sollten Sie der Vorsitzenden dies und den Zeitpunkt unbedingt mitteilen. Setzen Sie sich nahe an die Tür, damit Sie den Raum unauffällig verlassen können. Nehmen Sie dann mit der Vorsitzenden beim Aufbrechen Blickkontakt auf, damit jeder erkennt, dass sie Ihr frühes Gehen erwartet hat. Bis auf dieses kleine Zeichen gegenüber der Vorsitzenden sollten Sie die Sitzung nicht unterbrechen, indem Sie sich von den anderen verabschieden; verlassen Sie einfach leise den Raum.
3. Vor einer Besprechung sollten Sie Ihr Gehirn auf Touren bringen, indem Sie sich sorgfältig Ihre Notizen der vorhergehenden Sitzung und auch alles weitere zu dem betreffenden Thema ausgegebene Material durchlesen. Vielleicht regt Sie dies zu neuen, unverbrauchten Gedanken an.

Überdies macht es einen sehr guten Eindruck, wenn Sie sagen können: „Als wir uns das letzte Mal am 13. April trafen (es ist wichtig, ein *exaktes* Datum anzugeben), diskutierten wir Mittel und Wege, wie wir den Jahresbericht für die Aktionäre attraktiver gestalten könnten. Ich möchte Ihnen ein paar Ideen unterbreiten, die meines Erachtens funktionieren könnten ..." Dies zeigt, dass Sie nicht nur die vorhergehenden Diskussionen verfolgen, sondern dass Sie versuchen, die Dinge einen Schritt nach vorn zu bewegen. Sie wären überrascht, wie wenige Leute sich genau an das, was in früheren Sitzungen diskutiert wurde, erinnern. Wenn andere erkennen, dass Sie sich erinnern, hinterlassen Sie sofort den Eindruck, dass Sie sich bestens auskennen.

Ein leitender Manager, mit dem ich zusammenarbeitete, hatte für diesen Zweck ein spezielles Notizheft, in das er wichtige Fakten von allen Besprechungen, an denen er teilnahm, niederschrieb. Er beeindruckte unweigerlich die Leute mit seiner sofortigen Erinnerung daran, wer was wann gesagt hatte und vor allem welche Projekte wem übertragen worden waren - samt der dazugehörigen Daten. Zufällig ist Reuben Mark, der eben beschriebene Notizenmacher, heute der Vorstandschef einer der größten Konzerne Amerikas - Colgate-Palmolive. Nehmen Sie sich diesen Rat von Reuben Mark zu Herzen und legen Sie sich ein solches Notizbuch an. Es wird sich als einer Ihrer geschicktesten Schachzüge überhaupt entpuppen.

4. Setzen Sie sich nahe ans Geschehen. Das ist im Allgemeinen in der Nähe der Person, die die Sitzung leitet. Versuchen Sie, nicht in einer dunklen Ecke Platz zu nehmen, wo die anderen Sie kaum sehen oder hören können.
5. Nehmen Sie die Sitzung so ernst wie Ihre Gehaltsüberweisung. Machen Sie keine Scherze, verschwenden Sie keine Zeit mit Belanglosigkeiten. Sie sind schließlich nicht auf einer Party!

6. Versuchen Sie, sich zu Beginn der Sitzung zu Wort zu melden, damit man Sie bemerkt. Was Sie sagen, muss nicht unbedingt weltbewegend sein, solange es zum Thema gehört.
7. Setzen Sie ungewöhnliche Requisiten ein, um ein Argument zu untermauern. Ziehen Sie ein Warenfoto oder ein Illustriertenbild hervor, irgendetwas, das Ihre Idee veranschaulicht. Es spielt keine Rolle, wenn das Bildmaterial nicht hundertprozentig perfekt ist. Sie streben an, dass jeder die Idee mit Ihnen in Verbindung bringt. Visuelles Anschauungsmaterial bringt Ihnen mehr als alles andere Punkte. Heben Sie sich dieses Requisit auf und stellen Sie es gut sichtbar in Ihrem Büro auf. Wenn jemand vergisst, wer als Erster auf diese Idee kam, deuten Sie bloß lächelnd darauf. Genau darin bestand Paulas Kriegslist!
8. Nehmen Sie immer Notizblock und Stift zu einer Besprechung mit. Sie wirken unorganisiert und unvorbereitet, wenn Sie sie von anderen Teilnehmern ausleihen müssen. Und machen Sie sich auch Notizen! Das zeugt von Interesse und Respekt für die anderen Sprecher. Versehen Sie Ihre Notizen mit Datum, bewahren Sie sie in Ihrem Besprechungsnotizheft auf und gehen Sie sie unbedingt vor den nachfolgenden Sitzungen noch einmal durch.
9. Scheuen Sie sich nicht davor, auch zu Fragen, die vielleicht nicht mit Ihrem eigenen Aufgabenbereich zu tun haben, einen Kommentar anzubieten.

   Nehmen wir an, Sie arbeiten in der Buchhaltung und wurden zur Teilnahme an einer allgemeinen Besprechung über die Gewinnergebnisse des Unternehmens im vierten Quartal gebeten. Ein Produkt, das sich als absoluter Fehlschlag entpuppt, wird erwähnt, und Sie haben Vorschläge, die nichts mit Ihrem eigentlichen Verantwortungsbereich zu tun haben. Zögern Sie nicht, sie zur Sprache zu bringen, solange Sie dabei diplomatisch vorgehen. Schlimmstenfalls ist Ihre Idee nicht zu gebrauchen – aber Sie kommen dennoch als eine vielseitige Person heraus, die sich dem Gesamterfolg des Unternehmens verschrieben hat, nicht nur Ihrem unmittelbaren Aufgabenbereich.

10. Stürmen Sie bei Sitzungsende nicht einfach hinaus. Gehen Sie zum Vorsitzenden hinüber und sagen Sie ihm, dass Sie die Diskussion für fruchtbar erachten. Das dauert nur wenige Sekunden, zeugt aber von Wertschätzung für die Arbeit, die zur Organisation der Sitzung nötig war. Überdies ist dies das richtige Benehmen im Geschäftsleben.

Weitere zweckdienliche Anhaltspunkte

Bei Besprechungen werden die Leute automatisch entweder als Beitragende oder als Zuschauer gewertet. Sie wollen sicherlich nicht, dass man Sie für eine Vertreterin der zweiten Kategorie hält. Unternehmen legen Wert auf Leute, die *geben*, nicht auf welche, die *nehmen*. Wenn Sie meinen, Sie könnten wenig oder nichts zu einer Diskussion beitragen, irren Sie sich möglicherweise. Warum hätte man Sie sonst überhaupt um Teilnahme gebeten? Geloben Sie sich, dass Sie einen Weg zu finden versuchen, wenigstens einmal während jeder von Ihnen besuchten Sitzung einen Kommentar abzugeben, sofern die aktive Teilnahme der Gruppe erwünscht ist (bei einigen Sitzungen soll man lediglich zuhören).

Wenn Sie keine eigenen Ideen vorbringen können, können Sie sich immer noch zu Wort melden, um der Idee eines anderen lobend beizupflichten. Etwa indem Sie etwas so Einfaches sagen wie: „Mir gefällt Ihr Plan, Mr. Brown. Er zeugt von Kreativität und wird meines Erachtens unsere Kunden ansprechen.“ Oder Sie tun Ihre Anwesenheit kund, indem Sie eine Frage stellen, wie etwa: „Mr. Brown, mir gefällt, was Sie sagen. Glauben Sie, unsere Kunden an der Westküste werden das zu konservativ finden?“ Eine zur Sache gehörende Frage zeigt, dass Sie sich wirklich in das Diskussionsthema vertieft haben.

Entschließen Sie sich zur Wortmeldung, ist es allerdings wichtig, dass Sie dabei richtig vorgehen. Leiten Sie Ihre Bemerkungen niemals mit Entschuldigungen ein wie: „Das funktioniert vielleicht nicht, aber ...“ oder „Sie haben wahrscheinlich schon daran gedacht, dass ...“ Wie ich in einem späteren Kapitel erläutere, setzen negative Feststellungen wie diese Ihre Idee einem Fehlschlag aus. Geben Sie immer so viele sachdienliche Einzelheiten wie möglich, um Ihre Gedankengänge jedem verständlich zu machen. Ihre Ideen verlieren ihre Schlagkraft, wenn Sie auch nur einen Satz oder zwei auslassen und dann aufhören. Wenn Sie sich zu kurz fassen, können andere *Ihre* Idee klauen, sie ausschmücken und dann versuchen, sie als die *eigene* zu verkaufen.

Ein weiterer Weg, bei Besprechungen erfolgreich zu kommunizieren, besteht in der Modulation Ihrer Stimme. Unglücklicherweise reden Frauen manchmal so leise, dass sie nur schwer vernehmbar sind. Sprechen Sie hörbar und deutlich, damit jeder mitbekommt, was Sie sagen. Wenn Sie zu den Frauen gehören, die mit Kleinmädchenstimme piepsen, erweisen Sie sich bestimmt keinen Gefallen. Sie wirken schüchtern und zeigen sich dessen, was Sie sagen, nicht sicher. Mag es vielleicht in manchen gesellschaftlichen Kreisen ansprechend wirken, so ist es im Berufsleben absolut unangebracht. Sie werden staunen, was eine größere Lautstärke für Ihr Image bewirken kann. Sie verleiht auf sehr bedeutsame Weise Ihren Worten Autorität. Ich rate Ihnen hier nicht, zu schreien, aber die anderen sollten sich keineswegs abmühen müssen, um Sie zu hören.

Schlüsselratschläge für die Leitung von Sitzungen

Wenn Sie dazu bestimmt sind, die Sitzung zu leiten, bietet sich Ihnen eine tolle Gelegenheit, Ihr Führungs-Know-how den teilnehmenden Personen zu vermitteln. Vermasseln Sie das Ganze nicht, indem Sie eine blasse Vorstellung geben. Es zeugt von fehlerhaftem Denken, sich selber zu sagen: „Das ist nur eine Besprechung mit ein paar Kollegen, was soll's?" Es ist wichtig, dass Sie die Verantwortung übernehmen und über jede Sitzung, die Sie leiten, gründlich nachdenken, damit Sie organisiert und effektiv wirken.

Es folgen einige Grundregeln für die Leitung einer Sitzung:

1. Wenn Sie innerhalb des Unternehmens zusammenkommen, werden Sie natürlich jeden verfügbaren Sitzungsraum nutzen. Reservieren Sie unbedingt frühzeitig den Konferenzraum, wenn es einen gibt. Wenn Sie hingegen die Sitzung in einem Hotel oder an einem anderen kommerziellen Tagungsort abhalten, vergewissern Sie sich, dass Sie einen passenden Sitzungsraum finden, der über gute Beleuchtung verfügt, gut belüftet und ausreichend bestuhlt ist.

   Dies klingt vielleicht furchtbar banal, aber Sie würden staunen, wie sehr schlechte Beleuchtung Ihre Sache zunichte machen kann. Informationen werden sowohl über die Ohren wie auch über die Augen aufgenommen. Schlechtes Licht und mangelnde Belüftung machen die Zuhörer leicht schläfrig.
2. Vergewissern Sie sich, dass Sie alle infrage kommenden Leute eingeladen haben. Sie können sich viel Unmut einhandeln, wenn Sie jemanden vergessen, der auf Grund seiner beruflichen Stellung hätte eingeladen werden müssen.
3. Bestimmen Sie weit im Voraus, welche Ziele Sie verfolgen und was Ihres Erachtens auf der Sitzung erreicht werden soll. Dann arbeiten Sie eine Tagesordnung aus, um das widerzuspiegeln. Verteilen Sie sie vorab an alle Teilnehmer. Tagesordnungen helfen den Teilnehmern, sich auf die Sache zu konzentrieren. Auf der eigentlichen Sitzung sollten Sie die Ziele, die Sie erreichen wollen, wiederholen, damit alle verstehen, warum sie hier sind.
4. Wenn möglich, sollten Sie den Teilnehmern sagen, wie lange die Sitzung dauern wird, und sich dann unbedingt an die Zeitvorgabe halten. Die meisten Sit-

zungen sollten nicht länger als eine Stunde dauern. Außer im Notfall ist es nicht nur rücksichtslos, die Sitzung endlos weitergehen zu lassen, sondern im Allgemeinen auch kontraproduktiv. Die Leute werden dann wegen ihrer durcheinander geratenen Zeitpläne unruhig und neigen dazu, geistig abzuschalten. Zudem erscheinen Sie als unorganisiert und unfähig, eine Sitzung ordentlich zu leiten.

5. Sie können für einen guten Start sorgen, insbesondere bei einer Sitzung am Vormittag, wenn Sie sich darum kümmern können, dass Kaffee und etwas Knabberzeug bereit stehen. Am einfachsten lässt sich dies mit einem Tisch in einer Ecke bewerkstelligen, an dem sich jeder bedienen kann, und zwar ohne großen Aufhebens.
6. Wenn Sie die Sitzung auf Band aufnehmen werden, sollten Sie dies gleich zu Anfang ankündigen. Überraschen Sie niemanden damit, dass Sie ohne Vorwarnung seine kostbaren Weisheiten für die Nachwelt aufzeichnen.
7. Wenn Sie ein Mikrofon verwenden, probieren Sie es um Himmels willen aus, ehe die anderen Teilnehmer erscheinen. Ein pfeifendes Mikrofon - oder eines, das überhaupt nicht funktioniert - setzt den Auftakt für eine schlechte Sitzung.

   Dasselbe gilt für visuelles Anschauungsmaterial. Wenn Sie Dias zeigen, machen Sie sich bitte vorher mit dem Projektor vertraut. Sie stehen dumm da, wenn Sie sich nicht auskennen. Vergewissern Sie sich, dass die Bilder seitenrichtig stehen und in der korrekten Reihenfolge erscheinen. Ein Durcheinander beim audiovisuellen Anschauungsmaterial kann sich auf den Gesamterfolg einer Sitzung verheerend auswirken - und läßt Sie in der Führungsetage schlecht gerüstet erscheinen.
8. Auch wenn die Teilnehmer sich vermutlich selbst Notizen machen werden, sollten Sie ihnen so viel vorbereitetes Material wie möglich austeilen, insbesondere bei Statistiken. Es ist nicht immer leicht, ei-

nen Haufen Zahlen exakt niederzuschreiben, und wenn Geld ins Spiel kommt, könnten Fehler teuer zu stehen kommen.

9. Wenn nicht alle Teilnehmer einander kennen, ist es hilfreich, Kärtchen mit dem Namen, Titel und der Firmenzugehörigkeit auf den Tisch zu stellen, und zwar mit der Vorderseite nach außen. (Es ist nicht besonders sinnvoll, wenn die Kärtchen mit der Vorderseite zur jeweiligen Person stehen, die ihren eigenen Namen mit an Sicherheit grenzender Wahrscheinlichkeit weiß!)
10. Sofern Sie nicht von Herzchirurgen, Geburtshelfern oder Angehörigen ähnlicher Berufsgruppen umgeben sind, bitten Sie alle Teilnehmer, ihre Piepser und Handys abzuschalten.
11. Setzen Sie Ihre Führungsfertigkeiten ganz und gar ein. Dies fängt mit der Vorstellung aller Teilnehmer an, die der Rest der Gruppe nicht kennt. Es ist auch wichtig, die Leitung der Sitzung zu übernehmen, indem Sie den Teilnehmern nicht erlauben, einen anderen zu unterbrechen, der eben ein Argument vorbringt. Sie sollten auch jeden in die Schranken weisen, der versucht, das Geschehen zu dominieren. Sagen Sie einfach so etwas wie: „Mr. Miller, warum lassen wir Mrs. Fisher nicht einfach ausreden, und dann hören wir uns gern an, was Sie zu sagen haben."

    Ein Großteil Ihrer Aufgabe als Sitzungsleiterin besteht in der Einhaltung der Tagesordnung. Wenn Sie beispielsweise fünf Themen in dreißig Minuten abzuhandeln haben, schauen Sie zwischendurch auf die Uhr. Stellen Sie sicher, dass für jeden Tagesordnungspunkt genug Diskussionszeit bleibt. Wenn Sie merken, dass ein Thema zu viel Zeit in Anspruch nimmt, fassen Sie es so gut wie möglich zusammen und fahren Sie dann mit dem nächsten Punkt fort.
12. Am Ende der Sitzung sollten Sie eine kurze Gesamtzusammenfassung der Diskussion geben und die Teilnehmer daran erinnern, was sie in welchem Zeitrahmen erledigen sollten. Es macht sich immer

gut, jedem für sein Kommen zu danken und jedem, der sich um besondere Einzelheiten für die Sitzung gekümmert hat, Anerkennung zu zollen. Etwa mit Bemerkungen wie: „Vielen Dank, Mr. Brown, dass Sie sich um den Kaffee gekümmert haben, und danke schön auch Ihnen, Mrs. Smith, dass Sie die Dias vorbereitet haben." Auch hier gilt: Gute Manieren haben noch nie dem Ruf geschadet. In der Tat helfen sie einem weiter.

Der wichtigste aller Tipps

Die vorhergehenden zwölf Ratschläge stellen lediglich die grundlegendsten Punkte zur Leitung einer Besprechung dar. Diesen letzten Rat – der das Wichtigste aussagt, was Sie bei der Leitung einer Besprechung tun sollten – behandle ich gesondert, um sicherzugehen, dass Sie ihn nicht übersehen:

Verteilen Sie immer, aber auch wirklich *immer* das Protokoll einer Sitzung zur weiteren Bearbeitung.

Beauftragen Sie eine verlässliche Person mit der Protokollführung. Belehren Sie diese Person, dass es entscheidend darauf ankommt, im Sitzungsprotokoll die Namen aller, die mit einer Aufgabe betraut wurden, samt der damit verbundenen Daten niederzulegen. Manchmal drucke ich diese Informationen in fetten Typen aus, damit niemand behaupten kann, dies sei ihm entgangen. Zusätzlich schreibe ich mir die wichtigsten Punkte in mein eigenes Besprechungsnotizheft, für den Fall, dass sie dem Protokollanten entgangen sind.

Dann arbeiten Sie diese Sitzungsnotizen so sorgfältig aus, als hinge Ihre Stelle davon ab. Erst wenn Sie sich sicher sind, dass das Protokoll genau das Gesagte wiedergibt, verteilen Sie es an alle Teilnehmer.

Wenn Sie kein Protokoll verfasst oder dies nicht veranlasst haben und sich nicht mehr an den tatsächlichen Ablauf erinnern können, kann man Ihnen mit gutem

Recht vorwerfen, dass Sie die Zeit aller Teilnehmer vergeudet haben. Das Verteilen von Sitzungsprotokollen zieht alle Teilnehmer zur Rechenschaft und erinnert sie an ihre Verantwortlichkeiten. Ohne diese schriftliche Nachbereitung halten sich manche Teilnehmer womöglich nicht an ihre Verpflichtungen und/oder halten ihre Termine nicht ein. („Herrje, ich habe gar nicht gewusst, dass ich das sofort erledigen sollte.") Dieser Fehler geht dann auf Ihre Rechnung. Schließlich haben *Sie* die Sitzung geleitet, also müssen Sie jede misslungene Kommunikation auf Ihre Kappe nehmen.

Die korrekte Leitung einer Sitzung ist eine Managementübung im Kleinen. Ihrer Vorgesetzten, die wahrscheinlich an einigen der von Ihnen geleiteten Sitzungen teilnimmt, wird nicht entgehen, wie Sie Ihre Aufgabe bewältigen. Sie wird sich im Geiste über Ihre Führungseigenschaften Notizen machen. Gehen Sie auf Nummer sicher, dass Sie einen günstigen Eindruck hinterlassen.

Wenn Sie die Vortragende sind

Wenn Sie das Glück haben, bei einer Sitzung um einen Vortrag gebeten zu werden, seien Sie dankbar. Man hat Ihnen gerade eine „tragende Frauenrolle" überantwortet, in der Sie auf einen Schlag Ihre Sichtbarkeit erhöhen, Ihre Führungsqualitäten zur Schau stellen und sich auf die Überholspur begeben können. Und so könnte es funktionieren. Angenommen, Ihr Unternehmen umwirbt eine wichtige Kundin. Sie kommt zu einer gründlich vorbereiteten Sitzung, bei der man ihr die vielen Vorteile erläutert, die ein Vertrag mit Ihnen mit sich brächte, im Gegensatz zu all den anderen Unternehmen, die um das Geschäft mit ihr kämpfen. Es geht um eine Menge Geld und obendrein um das Ansehen, einen großen Fisch an Land zu ziehen.

Das ganze Unternehmen läuft auf Hochtouren; alles andere wird buchstäblich auf die Warteschleife gesetzt, damit der große Tag vorbereitet werden kann – die Präsentation. Und Sie sind als eine Präsentatorin auserwählt. Sie müssen fünfzehn Minuten lang sprechen. Eine Viertelstunde, in der Sie werben, überreden, Ihr Produkt oder Ihre Dienstleistung anpreisen und hoffentlich Frau Wichtig überzeugen können, dass sie nicht leben kann ohne das, was Sie verkaufen.

Sie müssen sich als Erstes über zwei Punkte klar werden:

Was Sie sagen werden
Wie Sie es sagen werden

Als ich Vizepräsidentin für Kommunikation bei Colgate-Palmolive war, führte ich den Vorsitz über viele solcher Sitzungen, bei denen Agenturen von außen ihre Ideen für die Promotion eines neuen Produktes oder eines Fernsehspots präsentierten. Die Mehrzahl dieser Präsentationen war gut gemacht - knapp, auf den Punkt gebracht und präsentiert von Leuten, die wussten, wie man spricht, sich kleidet und handelt. Aber einige dieser Präsentationen waren schlichtweg fürchterlich. Sie waren zu lang, voller endloser, langweiliger Tabellen und von Leuten dargelegt, die anscheinend an krankhafter Weitschweifigkeit litten.

Eine Marketingfirma beging den fatalen Fehler, die meisten der anwesenden Frauen zu ignorieren und alle ihre Kommentare an die Männer meines Stabes zu richten. Einige Präsentatoren waren so lässig gekleidet, als würden sie zu einem Basketballspiel gehen und nicht an einer ernsthaften Sitzung teilnehmen, bei der es um Hunderttausende von Dollar ging. Bei einer anderen Sitzung hatte der Vortragende bereits am Vormittag so viel getrunken, dass er nicht nur sinnloses Zeug daherredete, sondern dass uns seine Fahne beinahe umwehte. Unnötig zu erwähnen, dass diese Firmen nicht eben großes Vertrauen bei uns erweckten. Sie bekamen unseren Auftrag nicht und wurden auch nie wieder zu einer unserer Präsentationen eingeladen.

Verleihen Sie Ihren Besprechungen Gewicht

Die Person, die das Meiste aus Sitzungen herausholen kann, ist mein Freund John Rosenwald, Vizevorstandsvorsitzender von Bear Stearns, der großen und sehr erfolgreichen Investmentbankgesellschaft.

John Rosenwald kümmert sich hartnäckig um kleinste Einzelheiten und ist aufs Äußerste bestrebt, die Zeit eines Kunden nicht zu vergeuden. Seine Voraussicht und Nachbearbeitung sind berühmt. Er kann Ihnen nicht nur sagen, welche Kopfsteinpflasterstraße Sie nehmen sollen, sondern auch, über wie viele Pflastersteine Sie gehen müssen. Das ist der Grund, weshalb ihm die amerikanischen Vorstandsvorsitzenden absolut vertrauen.

Zu Beginn seiner Karriere gehörte John Rosenwald nicht zum Netzwerk der alten Jungs und musste bei Null anfangen. Einer der Gründe für seinen kometenhaften Aufstieg zur Spitze liegt darin begründet, dass er immer seine Hausaufgaben macht und darauf besteht, dass seine Mitarbeiter dies ebenfalls tun. John rät: „Wenn ein Kunde mir einen seiner größten Vermögenswerte anvertraut – seine Zeit –, bin ich dafür verantwortlich, das Meiste daraus zu machen. Er braucht mich nicht dazu, dass ich ihm etwas erzähle, was er bereits weiß. Meine Aufgabe besteht darin, neue, informative Ideen zu liefern und neue Wege der Annäherung an ein Problem."

Jeder, auf jeder Ebene, ob Mann oder Frau, kann von diesen weisen Worten profitieren.

Was man sagen soll

Sofern Sie nicht einer riesigen Abteilung mit etlichen Ihnen untergebenen Autoren vorstehen, sind Sie wahrscheinlich von Anfang bis Ende selbst dafür verantwortlich, Ihre Präsentation zusammenzustellen. Das bedeutet, Sie müssen recherchieren und die Präsentation verfassen, das visuelle Anschauungsmaterial, falls es welches gibt, aussuchen und entscheiden, ob Sie den Vortrag frei formulieren, auswendig lernen, Karteikarten benutzen oder vom Blatt ablesen.

Wenn Sie sich daran machen, Ihre Präsentation niederzuschreiben, befolgen Sie John Rosenwalds Rat: Sagen Sie Ihren Zuhörern nie das, was sie bereits wissen. Versuchen Sie auch einen Weg zu finden, Ihre Zuhörer nicht zu langweilen.

Ich saß einmal bei Colgate-Palmolive in einer Vormittagsbesprechung, bei der jeder Leiter eines der angegliederten Tochterunternehmen eine kurze Lagebesprechung über den gegenwärtigen Stand der Aktivitäten seiner Firma geben musste. Nun verstanden sich diese Männer (ja, es waren ausschließlich Männer) ganz ordentlich darauf, Präsentationen zu geben, aber einige waren hierin eindeutig besser als andere. Die Männer, die wirklich Eindruck machten, waren klar, optimistisch, sachlich und exakt und fassten sich kurz. Andere, die nicht so gut auftraten, hatten entweder keine kraftvolle Stimme, zeigten langweilige Grafiken oder waren so aufregend wie kalter Kaffee.

Ich erinnere mich deshalb so gut an diese eine Präsentation, weil ein armer Kerl schon einen jämmerlichen Eindruck hinterließ, ehe er überhaupt den Mund aufmachte. Irgendwie hatte „Paul“, ein Angestellter in einer der Tochtergesellschaften, nicht genug von der Kleiderordnung für Führungskräfte aufgeschnappt und erschien in einem auffallend karierten Sakko, einer knalligen, wild gemusterten Krawatte und Khakihosen. Er war ein Exot unter den anderen neunzehn Vizepräsidenten, die allesamt mit gut geschneiderten dunkelblauen oder grauen Anzügen und konservativen Krawatten, Hemden und Schuhen bekleidet waren. Während wir „Pauls“ Präsentation zuhörten, fiel es uns schwer, ihn ernst zu nehmen, weil er so völlig fehl am Platze wirkte.

Der herausragende Präsentator bei dieser Sitzung war mein Freund David Seiniger, der die Modefirma Marisa Christina für uns leitete. David, der mit trefflichem Humor gesegnet ist, wollte nicht aufstehen und seine Zuhörer langweilen. Er wusste, dass er einige Statistiken zeigen musste. Um aber die Aufmerksamkeit seiner Zuhörer auf Anhieb zu fesseln, beschloss er, nicht die typischen Dias der Herstellungsfabrik und des Produktionsbandes zu zeigen. Stattdessen präsentierte er Fotos schöner eurasischer Models (die Fabrik befand sich in Hongkong), die die neuen Modelle vorführten. Alle Models trugen Tafeln mit den Kauforders von Saks, Neiman Marcus, Bloomingdales usw. Er musste gar kein Wort mehr über die Finanzen seiner Firma verlieren; seine Fotos erzählten die Geschichte. Jeder Teilnehmer dachte übrigens so!

Die Generalprobe

So zu tun, als wäre die Präsentation lediglich ein weiterer Tag im Büro, ist ein sicherer Weg, eine Katastrophe heraufzubeschwören. Selbst wenn Sie nur wenige Minuten sprechen, sollten Sie sie vergolden, indem Sie sie proben.

Einer der ältesten Witze handelt von einem Touristen in New York, der sich verlaufen hat. Er wendet sich an einen Passanten und fragt: „Entschuldigen Sie bitte, wie komme ich zur Carnegie Hall?" Zu seiner Verblüffung bekommt er die Antwort: „Üben, üben, üben!"

Auch wenn Sie keine Geigenvirtuosin sind, so liegt in diesen Worten doch Weisheit. Am besten ist es natürlich, sich beim Proben aufzuzeichnen. Wenn Sie einen Camcorder haben (oder einen leihen können), bietet sich hierin die perfekte Möglichkeit - wie der Dichter Robert Burns es ausdrückt - „uns selber zu sehen, wie andere uns sehen". Wenn dies aus irgendwelchen Gründen nicht möglich ist, besteht die nächstbeste Alternative darin, vor dem Spiegel zu üben. Allerdings sollte der Spiegel Sie unbedingt in voller Größe zeigen; auch Ihre Zuhörer werden mehr von Ihnen sehen als nur den Kopf.

Zwingen Sie sich dazu, *alle* Körperbewegungen auszuführen, die Sie zu machen planen - Gesten, Nicken, Blickkontakt etc. Diese Art der verbalen und visuellen Probe hilft Ihnen, zu erkennen, wie Sie vor Ihrem Publikum erscheinen.

Tipps für Ihre Präsentation

Wenn Sie vor einer Gruppe werbend auftreten, sei es nun vor Ihrem eigenen Management, einem Kunden oder wem auch immer, sollten Sie sich unbedingt folgende Grundregeln vor Augen führen:

1. Bereiten Sie Ihre visuellen und verbalen Strategien *sehr* sorgfältig vor. Dies ist absolut nicht der richtige Zeitpunkt für Improvisation.
2. Fragen Sie sich: „Was kann dies der Person nützen, die ich ansprechen will?“ und stellen Sie sicher, dass Sie das liefern.
3. Wenn Sie Ihre Botschaft in einen einzigen Satz destillieren müssten – wie würde dieser Satz dann lauten? Vergewissern Sie sich immer, dass Sie nicht zu sehr von diesem zentralen Thema abschweifen.
4. Wenn Sie sich für Ihre Schlüsselbotschaft entschieden haben, kommen Sie so schnell wie möglich darauf zu sprechen.
5. Wählen Sie den einfachsten Weg, um Ihre Ziele darzulegen. Verwirren Sie die Leute nicht mit ausgefallenen Wörtern und geschraubten Sätzen, weil Sie meinen, so klängen Sie eindrucksvoller. Auf diese Weise können Sie niemanden täuschen.

   Lesen Sie einmal bewusst, wie es klingt, wenn Sie sagen: „Wir haben eine Unternehmensentscheidung getroffen, in alle Werbung die neuen, verbesserten Mechanismen der William's Widgets und ihren Mangel an zwischenräumlichen Imperfektheiten einzubringen und ebenso die grundlegenden Elemente der Installation und des langfristigen Gebrauchs“ versus „Wir planen, unsere Werbung auf den einfachen Gebrauch der neuen, verbesserten William's Widgets zu konzentrieren“.
6. Ehe Sie sich erheben und Ihre Präsentation halten, sollten Sie sich aufmunternde Worte zusprechen. Sagen Sie sich selber: „Ich bin intelligent, ich weiß, wo-

rüber ich rede, und diese Leute sind nicht meine Feinde, die nur darauf warten, dass ich auf die Nase falle.“

7. Bereiten Sie sich immer auf Fragen und Antworten vor. Wenn Sie die Antwort nicht sicher wissen, dann sagen Sie dies auch. Niemand muss alles wissen; es ist überhaupt nicht verkehrt, wenn Sie antworten: „Es tut mir Leid, ich weiß die Antwort im Augenblick nicht, aber ich mache mich kundig und setze mich mit Ihnen in Verbindung.“ (Dieses Versprechen müssen Sie dann unbedingt einlösen.)
8. Wiederholen Sie am Ende der Sitzung kurz die wichtigen Punkte, die getroffenen Entscheidungen und jegliche nachfolgende Handlung, die bestimmte Leute ausführen sollen.
9. Bedienen Sie sich Ihrer Manieren als Führungskraft: Danken Sie den Teilnehmern dafür, dass Sie gekommen sind und zugehört haben, erwähnen Sie voll Anerkennung jeden, der Ihnen geholfen hat, usw.
10. Halten Sie sich zu guter Letzt immer vor Augen, dass Sie wahrscheinlich nicht sterben werden, wenn Ihre Präsentation fehlschlägt. Jedem geht mal etwas daneben.

Zusammenfassun

Leider nehmen nicht alle Leute Sitzungen so ernst, wie man eigentlich sollte. Bei einer Besprechung, an der ich teilnahm, nahm „Sherry" gedankenlos Rouge und Lippenstift heraus und frischte schnell ihr Make-up auf (zu mädchenhaft!). Bei einer anderen Sitzung hatte „Barry" offensichtlich die Nacht vorher zu lange gefeiert und konnte kaum die Augen offen halten. Bei einer sehr wichtigen Verkaufsbesprechung unterbrach „Carla" in ihrem Bemühen, alle zu beeindrucken, die Redner so oft, dass sie allen grässlich auf die Nerven fiel. Die Fehler dieser drei Leute waren vielleicht nur geringfügig, aber sie zeigen, wie sie alle die wichtige Tatsache aus den Augen verloren, dass sie im Blickpunkt standen und dass man ihr Auftreten kritisch beurteilte.

Der beste Rat, den ich Ihnen geben kann, wenn Sie bei Sitzungen Punkte für sich verbuchen wollen, lautet, sich vorzustellen, dass eine Sitzung einem Vorstellungsgespräch ähnelt, bei dem Sie wissen, dass Sie sich von Ihrer besten Seite zeigen müssen. Würden Sie bei einem Vorstellungsgespräch Ihren Lippenstift herauskramen oder für ein paar Sekunden die Augen schließen und sich ausruhen? Wohl kaum!

Alles, was Sie in einer Besprechung tun und sagen, wird genau unter die Lupe genommen. Nehmen Sie Besprechungen nicht auf die leichte Schulter. Ihre Teilnahme, ob Sie nun den Vorsitz führen, die Präsentation halten oder lediglich zuhören, wird immer bewertet. Denken Sie immer daran, dass Sie wie ein Insekt unter dem Mikroskop sind, durch das die höheren Ränge Ihr Managementpotenzial studieren. Sitzungen können ein Schaukasten des Erfolgs oder aber eine Plattform des Fehlschlags sein.

3. Wie Sie sich einen guten Auftritt verschaffen

Frohe Feiertage und eine schöne Bescherung!

„Am Abend der alljährlichen Weihnachtsfeier arbeitete ich erst zwei Wochen als Nachwuchsbuchhalterin bei dem Unternehmen. Ich kannte zwar kaum jemanden, wusste aber von meiner College-Ausbildung her, dass man sich immer einen guten Auftritt verschaffen sollt. Also wirbelte ich herum und plauderte mit jedem, der bereit war, sich mit mir zu unterhalten. Ich wurde freundlich aufgenommen.
Am Büfett rempelte ich aus Versehen einen gut gekleideten, selbstsicheren Mann am Arm an, also entschuldigte ich mich und begann ein Gespräch mit ihm. Ich erzählte ihm, dass ich gerade als Nachwuchsbuchhalterin bei dem Unternehmen angefangen hatte. Er meinte, auch er habe seine Karriere in der Buchhaltung begonnen.
‚Dann interessiert Sie vielleicht eine merkwürdige Geschichte, die mir heute passiert ist', sagte ich. ‚Ich sah mir die Schätzungen für das erste Quartal an, und allem Anschein nach stimmten sie überhaupt nicht. Viel zu hoch. Ich dachte, dass sich vielleicht eine Null zu viel eingeschlichen hätte. Ich versuchte, meiner Vorgesetzten davon zu erzählen, aber sie wollte sie sich nicht einmal anschauen. Sie meinte, die Schätzungen kämen direkt aus dem Büro des Präsidenten und wären unantastbar.'
‚Wie lautete denn die Zahl?' fragte er. Ich sagte sie ihm. ‚Da haben Sie einen tollen Fang gemacht, junge Dame', erwiderte er. ‚Jemand hat in der Tat einen Augenblick zu lang auf die Nulltaste gedrückt und sie hat zweimal angeschlagen.'

Er lächelte mich freundlich an, erkundigte sich nach meinem Namen und meinte: ‚Sie bringen es noch weit in diesem Unternehmen.' Dann blinzelte er mir zu und fügte an: ‚Machen Sie sich keine Sorgen. Ich verrate Ihrer Chefin schon nicht, dass Sie mir eigenmächtig davon erzählt haben.'
Gleich nachdem der Mann gegangen war, eilte eine Kollegin aus meiner Abteilung auf mich zu und meinte: ‚Sie müssen ja beim Vorstandschef ganz toll angekommen sein, dass er sich so lange mit Ihnen unterhalten hat. Er ist sonst sehr zurückhaltend.' Mir blieb die Spucke weg, ich kam mir vor wie ein Idiot, dass ich ihn nicht erkannt hatte, und war überzeugt, dass ich mit meiner Vorgesetzten Ärger bekommen würde.
Aber das genaue Gegenteil traf ein! Sie können es mir glauben oder nicht, vier Monate danach wurde ich ordentlich befördert und erhielt eine tolle Gehaltserhöhung. Ich erzählte nie jemandem von meiner zufälligen Begegnung mit dem Vorstandsvorsitzenden. Ich blieb zehn Jahre lang bei dem Unternehmen und wurde schließlich stellvertretende Finanzleiterin des Tochterunternehmens, bei dem ich arbeitete."

Ja, es gibt tatsächlich einen Weihnachtsmann! Dieses schöne Märchen wurde meinem Freund Don Softness berichtet, der zu den führenden amerikanischen Kommunikationsfachleuten gehört und mir diese Geschichte weitererzählte. So unglaublich sie auch klingt, Don schwört, dass sie tatsächlich einer Kollegin von ihm passiert ist. Ich wollte Ihnen diese Anekdote unbedingt mitteilen, weil sie auf das Beste veranschaulicht, was passieren kann, wenn Sie sich einen guten Auftritt verschaffen. Dabei geschieht nicht immer etwas so Herausragendes, aber, nun ja, man kann nie wissen!

Nicht jeder erweist sich als so unerschrocken wie Dons Bekannte. Allein einen Raum zu betreten, vor allem wenn sich lauter fremde Leute darin befinden, die ihre Karriere beeinflussen oder ihr gesellschaftliches Leben fördern können, schüchtert die meisten Menschen sehr ein. Wenn allein schon der Gedanke daran Ihr Herz schneller schlagen lässt und den Schweiß auf Ihre Handflächen treibt, sind Sie nicht allein. Diese Art gesellschaftlicher Angst ist sehr real - und absolut normal. Das Wissen darum schenkt Ihnen vielleicht ein wenig Trost, aber es macht die Sache kein bisschen leichter. Welche Frau wünscht sich nicht, sie könnte auf diesem Gebiet besser sein? Warum können Sie nicht diejenige sein, die in die XYZ-Verkaufskonferenz schwebt und von allen verehrt, bewundert und gepriesen wird? Wäre es nicht nett, wenn Sie jedes Mal, wenn Sie sich einen guten Auftritt zu verschaffen versuchen, einen neuen Geschäftskontakt knüpfen oder jemanden kennen lernen würden, der Ihr gesellschaftliches Leben auf Hochtouren bringen könnte? Hören Sie auf, sich das zu wünschen! In diesem Kapitel erfahren Sie die Geheimnisse gewandten Auftretens in der Gesellschaft, so dass Sie Ihrer Karriere und Ihrem Leben Starthilfe geben können.

Was ist zu tun?

Stellen Sie sich folgendes Szenario vor: Ihr Vorgesetzter teilt Ihnen mit, dass Sie dazu ausersehen sind, die Jahresverkaufskonferenz des Unternehmens zu besuchen. Neben all den geschäftlichen Sitzungen, bei denen Ihre Teilnahme erwartet wird, müssen Sie auch zu einer Cocktailparty gehen, die den Startschuss für die Besprechungen gibt. Natürlich fühlen Sie sich durch die Einladung geschmeichelt.

Dann fangen Sie an, darüber nachzudenken, wie wichtig es für Sie ist, einen guten Eindruck zu hinterlassen, insbesondere bei all den hohen Tieren des Unternehmens, die auch die Party besuchen werden. Was sagen Sie zu ihnen, das nicht nur halbwegs von Intelligenz zeugt, sondern auch dafür sorgt, dass Sie ihnen im Gedächtnis haften bleiben?

Als Allerersstes sollten Sie sich psychisch aufbauen. Sagen Sie sich, dass Sie Ihren Spaß haben und das Beste aus der Gelegenheit herausholen werden. Allein die Tatsache, dass Sie sich diese Dinge vorsagen, kann Ihnen dabei helfen, Ihre Einstellung zu verändern. Wenn Sie voll Energie und Selbstvertrauen einen Raum betreten, bringt Sie das schon viel weiter, als wenn Sie sich mit vor Angst erstarrtem Gesicht zentimeterweise hineintasten.

Als Nächstes lehnen Sie sich zurück und fragen Sie sich, was Sie gern erreichen möchten. Welches Ziel streben Sie an? Was sollte Ihrer Meinung nach passieren, wenn Sie die Veranstaltung verlassen? Wie auch immer Ihre Antwort lautet, dies ist Ihr *E.Z. (Ereignisziel).* Seien Sie sehr besonnen beim Stellen und Beantworten dieser Fragen. Es ist wichtig, dass Sie *im Voraus* diese mentale Übung durchlaufen, damit Sie eine klare Vision davon haben, worin Ihr Ereignisziel besteht. Ohne diese Vision werden Sie nicht viel aus solchen Gelegenheiten herausholen können.

Spaß, Spaß, Spaß!

Es ist absolut in Ordnung, wenn Ihr Vorhaben nicht edel ist. Vielleicht möchten Sie sich nur ein wenig amüsieren. Wer will denn schließlich keine gute Zeit haben? Aber neben Ihrem Vergnügen könnten Sie genauso gut noch andere Dinge erreichen.

Sie haben beispielsweise an Silvester den Vorsatz gefasst, sich eine neue Stelle zu suchen. Dann ist das Ihr E.Z. Versuchen Sie, Leute zu treffen und mit ihnen zu plaudern, die Ihnen womöglich helfen können. Oder vielleicht besteht Ihr Ziel darin, sich dem regionalen Vizepräsidenten Ihres Unternehmens vorzustellen und ihn davon zu überzeugen, dass Sie das Beste seit der Erfindung des Internet sind. Ein E.Z. hilft Ihnen, auf Ihrer Spur zu bleiben und sich möglichst effektiv einen guten Auftritt zu verschaffen.

Sie heißen nicht Oprah Winfrey

Ihre nächste Herausforderung besteht darin, einen Weg zu finden, Leute zu treffen, vor allem jene, die Sie besser kennen lernen möchten. Wenn Sie nicht Oprah Winfrey heißen oder gerade im Lotto gewonnen haben, können Sie sich nicht einfach zurücklehnen und darauf warten, dass die Leute zu Ihnen kommen und sich mit Ihnen bekannt machen. Trauen Sie sich und stellen Sie sich vor. Die besten Vorstellungen dauern nicht länger als zehn Sekunden und umfassen Ihren Namen, was Sie tun sowie ein paar weitere Fakten, dank derer die Leute sich an Sie erinnern. Bei einer geschäftlichen Veranstaltung könnte dies etwa so ablaufen: „Guten Tag, ich heiße Jennifer Connors und ich arbeite in der Buchhaltung. Ich habe gehört, Sie sind ein Steelers-Fan (oder was auch immer Sie gehört haben, solange es positiv ist), ich übrigens auch!" Wenn Ihnen nichts anderes einfällt, können Sie immer über das Wetter reden: „Scheint heute die Sonne nicht herrlich?"; alles, was das Gespräch in Gang bringt. Sie müssen nicht meinen, Sie dürften bloß über Geschäftliches sprechen. Jeder freut sich über eine Abwechslung von der täglichen Plackerei.

Zögern Sie nicht, als Erste Guten Tag zu sagen. Wenn meine Freundin Dale einer fremden Person begegnet, lächelt sie den Betreffenden immer freundlich an und schüttelt ihm fest die Hand – unabhängig ob Mann oder Frau. Auf den festen Händedruck kommt es ihrer Ansicht nach entscheidend an; er zeugt von Selbstvertrauen. Meines Erachtens setzt Dale hier etwas in Gang; die Leute erinnern sich natürlich auch besser an Sie, wenn Sie sie freundlich grüßen.

inleitende Worte

Viele junge Frauen enden in der Warteschleife, weil sie versuchen, sich tolle einleitende Worte auszudenken.

Wenn sie nicht fündig werden, dann machen sie sich nicht die Mühe, überhaupt etwas zu sagen. So etwas wie die perfekten Einleitungsworte gibt es gar nicht. Selbst wenn Sie etwas sagen, das Ihrer Meinung nach eher dumm klingt, ist es besser als gar nichts. Glauben Sie mir – es braucht nicht viel, um ein Gespräch in Gang zu bringen. Geschäfte wurden schon abgeschlossen, Stellen angeboten und gesellschaftliche Beziehungen geknüpft durch relativ simple, alltägliche Bemerkungen. Selbst die Frage nach der Uhrzeit hat bekanntlich schon Dinge ins Rollen gebracht.

Zögern Sie nie, mit Ihrem Namen zu beginnen, selbst wenn Sie glauben, dass die andere Person Sie wahrscheinlich erkennt. Lew Rudin, ein Immobilienmogul, der bekanntermaßen in New York seit langem die Fäden zieht und sich höchst effektive Auftritte verschafft, legt immer größten Wert darauf, sich bei der Begrüßung vorzustellen. Sofern er den anderen nicht wirklich sehr gut kennt, sagt er immer im gleichen Atemzug, in dem er den oder die andere grüßt, auch seinen Namen. Er rät: „Warum sollten Sie es dem anderen schwer machen, Sie zu erkennen? Niemand ist so wichtig, dass er nicht seinen Namen bei der Begrüßung nennen könnte."

Wenn Sie einer Person zum ersten Mal begegnen, zwingen Sie sich zu einem Lächeln (dies ist selbstverständlich viel besser als eine ausdruckslose Miene oder ein nervöses Stirnrunzeln), suchen Sie Blickkontakt und sagen Sie deutlich Ihren Namen. In diesem Augenblick werden die meisten Leute ihren Namen ebenfalls nennen und dann kann ein Gespräch beginnen. Ist jemand so unhöflich, seinen Namen nicht zu sagen, fragen Sie einfach danach. Tun Sie besser das, als den anderen davonkommen zu lassen. Darüber hinaus brauchen Sie die Information. Beginnen Sie einfach mit ein wenig Smalltalk, um den Dialog in Gang zu bringen. Fragen Sie Ihren Gesprächspartner nach seinem Golf- oder Tennisspiel, seinem Beruf, reden Sie über die Sitzung am nächsten Tag etc.

Tun Sie Smalltalk nicht einfach ab, weil er oberflächlich ist. Er dient einem Zweck. Er ebnet den Weg für ein richtiges Gespräch und bricht das Eis. Wenn es erst einmal gebrochen ist, können Sie über alles reden, was Sie eigentlich besprechen wollen.

Meine Freundin Pat Nation, eine angesehene Zeitungsjournalistin, ist bekannt für ihre unglaubliche Fähigkeit, im Raum herumzutanzen und irgendwie immer die einflussreichen Menschen, die anwesend sind, kennen zu lernen.

Dabei wendet sie die von ihr so genannte „Pralinenschachtel"-Technik an. „Wenn ihnen jemand eine Schachtel Pralinen reicht, picken sich die meisten Leute ihre Lieblingspraline heraus, ehe sie sie genüsslich essen", meint sie. „Dasselbe gilt für die Begegnung mit anderen Menschen. Ich weiß, dass ich nicht den ganzen Abend Zeit habe, also suche ich mir sorgsam die Leute aus, mit denen ich mich eine Weile unterhalten will. Ich plaudere absichtlich nicht mit Leuten, die ich bereits gut kenne, außer ich habe sie schon ewig nicht mehr gesehen. Stattdessen winke ich ihnen zur Begrüßung zu und gehe dann schnurstracks zu jemandem im Raum, den ich nicht kenne oder der schüchtern oder hilflos wirkt. Auf diese Weise habe ich wundervolle Menschen kennen gelernt und tolle Gespräche geführt."

„Die meisten Menschen meinen, sie müssten darauf warten, dass sie den hohen Tieren vorgestellt werden. Ich halte das nicht immer für richtig. Wenn Sie da sind und die anderen ebenfalls, warum soll man es nicht darauf ankommen lassen, jemanden kennen zu lernen, bloß weil man ihm nie formell vorgestellt wurde? Ich ging beispielsweise einmal auf einer Party zu keinem Geringeren als Prinz Philip und unterhielt mich mit ihm hervorragend über Pferderennen. Meines Erachtens wiegt mein aufrichtiges Interesse an der Begegnung mit fremden Menschen die Notwendigkeit auf, auf eine „ordentliche" Vorstellung zu warten – die sich vielleicht nie ergibt", meint Pat.

Wie Sie sich verabschieden können

Sie müssen auch wissen, wie Sie sich wieder von jemandem verabschieden, dessen Gesellschaft Sie nicht interessiert. Niemand sagt, Sie müssten den Märtyrer spielen und am Boden verwurzelt stehen bleiben, um nett zu sein. Sie brauchen keine ausgefeilten Rechtfertigungen, um ein Gespräch zu beenden. Ein einfaches „Entschuldigen Sie bitte, es war sehr nett, mit Ihnen zu plaudern, aber ich muss mit jemand anderem sprechen“ oder „Ich sehe meinen Ehemann (Kollegen, Vorgesetzten etc.) und ich möchte ihn begrüßen“ genügt. Dann müssen Sie aber auch tatsächlich jemanden begrüßen, wenn Sie weggehen, damit Ihre Entschuldigung begründet erscheint. Vorsicht vor der alten Ausrede, Sie wollten sich etwas zu trinken holen. Die Person, die Sie loszuwerden versuchen (vor allem wenn sie männlich ist), könnte einfach sagen: „Ach, ich hole Ihnen gerne etwas. Was möchten Sie denn?“ Dann stecken Sie für weitere zwanzig Minuten fest.

Bei einer geschäftlichen Veranstaltung sollten Sie unbedingt nur Worte zu Ihrer Verabschiedung wählen, die dem Status des anderen Achtung erweisen, insbesondere dann, wenn die andere Person offensichtlich ranghöher als Sie ist. Sie können immer sagen: „Ich möchte Sie nicht die ganze Zeit mit Beschlag belegen. Ich wollte Ihnen nur Guten Tag sagen.“

Hören Sie richtig zu

Wenn Sie sich nun bei einer gesellschaftlichen Veranstaltung unter die Anwesenden mischen und mit ihnen plaudern, sollten Sie unbedingt die Kunst des hingebungsvollen Zuhörens entwickelt haben.

Gutes Zuhören ist nicht so einfach. Es ist eine der schwierigsten interpersonellen Aufgaben, die es zu bewältigen gilt. Erinnern Sie sich an einige Ihrer letzten Gespräche. Wie oft haben Sie den anderen mitten in seiner Argumentation unterbrochen? Haben Sie dem, was gesagt wurde, Aufmerksamkeit geschenkt? Oder waren Sie zu sehr damit beschäftigt, Ihre nächste Bemerkung zu planen - oder Ihre Gedanken abschweifen zu lassen? Gut zuzuhören und bei der Sache zu bleiben ist nicht leicht.

Wenn Sie einen wirklich guten Eindruck machen wollen, sollten Sie sich an die alte Faustregel erinnern, dass man 80 Prozent der Zeit zuhören und 20 Prozent selber reden sollte. Die anderen fühlen sich unweigerlich geschmeichelt, wenn Sie ganz Ohr sind und ihnen Ihre volle, ungeteilte Aufmerksamkeit schenken. Ein Weg, dem anderen zu zeigen, dass Sie zuhören, besteht darin, mit Ihrer Mimik auszudrücken, dass Sie das Gespräch mit verfolgen. Nicken, Lächeln und die Aufrechterhaltung des Blickkontakts zeigen, dass Sie dem Gesagten lauschen.

Wenn ihre Gedanken abzuschweifen beginnen und sie nicht wirklich zuhören, so wenden Profis folgenden Trick an: Fangen Sie an, innerlich alles zu wiederholen, was der andere von sich gibt. Das hilft Ihnen, Ihre Aufmerksamkeit wieder dem Redner zu widmen.

Machen Sie es sich zur Aufgabe, ein aktiver statt ein passiver Zuhörer zu sein. Dem anderen nur verträumt in die Augen zu starren, während Sie in Wirklichkeit an etwas anderes denken, reicht nicht. Aktives Zuhören heißt, dass Sie hören, was der andere sagt - seine Worte aufnehmen und dann Rückmeldung geben. Ihre Antwort muß nicht ungeheuer geistreich sein, nur etwas, das zeigt, dass Sie aufpassen. Sie könnte so einfach sein wie: „Ja, dem stimme ich zu. Glauben Sie, dass alle der Meinung sind?"

Dies alles zahlt sich aus. Wenn Sie sich wirklich auf das konzentrieren, was die andere Person sagt, und interessiert reagieren, sind Ihre Chancen, einen positiven Eindruck zu hinterlassen, unschätzbar größer.

Wenn Sie ein besserer Zuhörer werden wollen, so bieten sich Ihnen folgende andere Möglichkeiten:

1. *Erkennen Sie, dass gute Zuhörfähigkeiten der Schlüssel zum Überleben im Beruf sind.* Information ist

gleich Macht; Sie brauchen davon eine Menge, wenn Sie im Beruf Erfolg haben wollen. Eine der besten (und einfachsten) Möglichkeiten, an Informationen zu kommen, besteht darin, dem, was gesagt wird, genaue Aufmerksamkeit zu schenken. Das Aufnehmen entscheidender Informationen kann in der Tat so simpel sein!

2. *Hören Sie auf zu reden!* Wenn Sie immer weiterquasseln und ständig den anderen unterbrechen, senden Sie ein klares Signal, dass Sie dem, was die andere Person sagt, nicht zuhören. Sprecher, pass auf!
3. *Fokussieren Sie Ihre Aufmerksamkeit neu.* Jeder möchte selbstbewusst und hellwach wirken und so erscheinen, als könne er unzählige aufregende Fakten vermitteln. Wenn Sie jedoch wirklich die Kommunikation mit anderen verbessern wollen, sollten Sie Ihren Gesprächspartnern Ihre volle Aufmerksamkeit schenken. Konzentrieren Sie sich mehr darauf, dem zuzuhören, was die anderen zu sagen haben, als darauf, Ihre Meinung darzulegen und Ihre Weisheiten zum Besten geben zu wollen. Stellen Sie von sich aus Fragen, um den anderen zum Weitersprechen zu ermuntern. Die meisten werden sich durch Ihr Interesse geschmeichelt fühlen. (Ich wäre es mit Sicherheit.)
4. *Erkennen Sie, dass gute Zuhörfähigkeiten Schwerarbeit erfordern.* Experten zufolge hören wir etwa mit einer Rate von 480 Wörtern pro Minute zu, aber der Durchschnittsmensch spricht nur etwa mit einer Geschwindigkeit von 120 Wörtern pro Minute. Passen Sie auf, denn diese Diskrepanz gibt Ihrem Geist genügend Zeit zum Abschweifen. Zügeln Sie diese Tendenz, indem Sie sich willentlich konzentrieren und im Geist die Punkte erweitern, die der andere zu vermitteln versucht. Andernfalls werden Sie ein Opfer Ihrer mentalen Wanderlust und Ihnen entgeht womöglich etwas Wichtiges.
5. *Lernen Sie, mit Ihren Augen zuzuhören.* Eines der negativsten Dinge, die Sie beim Zuhören tun können, ist es, den Blickkontakt abzubrechen. Wenn Sie den

Blick abwenden oder im Zimmer herumwandern lassen, verrät dies der anderen Person, dass Sie offensichtlich nicht aufpassen und dass das, was der andere zu sagen hat, für Sie nicht besonders wichtig ist.

6. *Achten Sie auf Ihre anderen nonverbalen Botschaften.* Wenn Sie nicht aufpassen, bringen Ihre stillschweigenden Botschaften durch Ihre Unachtsamkeit die anderen auf den Gedanken, dass Sie sich nicht für das, was sie sagen, interessieren. Gesten wie Stirnrunzeln, Fingertrommeln, der Blick auf die Armbanduhr oder eine nicht nach vorn gebeugte Haltung vermitteln allesamt, dass Sie sich nicht die Mühe machen, zuzuhören. Sie drücken weit mehr Interesse für den anderen aus, wenn Sie sich zu dem Gesprächspartner hinneigen. Wenn Sie wie ein Standbild dastehen oder sitzen, senden Sie eine absolut negative Botschaft aus. Bei einem derartigen Verhalten fühlt sich der Sprecher nicht nur herabgesetzt, sondern auch reif für Vergeltung.
7. *Urteilen Sie nicht vorschnell.* Selbst wenn Sie der Meinung sind, dass das, was der andere von sich gibt, lauter belangloses Zeug ist, hören Sie weiter zu. Ein guter Zuhörer zu sein heißt, sich daran zu erinnern, dass wir alle unterschiedliche Wirklichkeiten haben und dass die Botschaft des anderen seine Wahrheit und seinen Wert für ihn bedeutet. Hören Sie also zu, vielleicht lernen Sie etwas dabei.
8. *Denken Sie daran, dass ein gutes Gespräch keine Einbahnstraße ist.* Jemand, der ausschließlich zuhört und selber nie den Mund aufmacht, ist ein genauso großer Langweiler wie der Dauerquassler. Während es sehr wichtig ist, gut zuzuhören, ist es gleichermaßen wichtig, der Person, die spricht, zu antworten.
9. *Bloßes Zuhören reicht nicht.* Zuhören ist nur die eine Hälfte der Medaille. Sie müssen sich auch an das Gesagte erinnern. Dies jedoch erfordert eine Auswahl; sonst überfrachten Sie Ihr Gedächtnis. Einige Menschen können Informationen leichter als andere behalten. Wenn Sie nicht zu diesen wenigen Glückli-

chen gehören, konzentrieren Sie sich auf die wichtigen Punkte, die Sie soeben gehört haben, und schreiben Sie sie so schnell wie möglich auf.

Meine Freundin Patricia Francy, Schatzkanzlerin der Columbia Universität in New York, sagte mir, falls sie nach einem beruflichen Ereignis nicht sofort in ihr Büro gehe, rufe sie unverzüglich ihren Anrufbeantworter an, um sich selber eine Nachricht zu hinterlassen über irgendwelche herausragenden Punkte, die möglicherweise erwähnt wurden. Auf diese Weise ist sie sich sicher, dass sie keine wichtigen Punkte, die abgehandelt wurden, und auch keine nachfolgenden Aktionen, die man von ihr erwartet, vergisst.

10. *Konzentrieren Sie sich mehr aufs Zuhören als darauf, über eine prompte Antwort nachzusinnen.* Zu viele von uns denken so sehr an das, was sie als Nächstes von sich geben werden, dass sie oft viel von dem Gesagten gar nicht mitbekommen. Sie brauchen nicht das Gefühl zu haben, Sie müssten sofort eine Antwort parat haben, die der des anderen gleichkommt. Sie können viel effektiver kommunizieren, wenn Sie erst dem anderen zuhören, weitere Fragen stellen und dann erst antworten.

Allein unterwegs

Am besten kann man sich auf Cocktailpartys unter die Leute mischen, wenn man allein ist. Selbst wenn Sie die Party mit jemandem besuchen, sollten Sie allein die Runde durch die Reihe der Gäste drehen. Mit einem Begleiter im Schlepptau verwässern Sie den Eindruck, den Sie möglicherweise machen. Sagen Sie einfach der Person, mit der Sie gekommen sind: „Gehen wir doch lieber einzeln herum, damit wir Kontakte knüpfen können." Wenn Sie im Doppelpack unterwegs sind, haben die anderen eine viel geringere Chance, Sie persönlich kennen zu lernen. Überdies zögert man im Allgemeinen, vor einem Dritten Rat anzubieten, Karrierehilfe zu geben oder jemanden zu loben. Überdies, wenn Sie einen Volltreffer landen und Ihnen jemand ein paar tolle Jobideen zukommen lässt, warum sollten Sie die mit einer anderen Person teilen?

Visitenkarten - immer griffbereit

Nehmen wir an, Sie haben ein erfolgreiches Gespräch geführt und wollen nun die Bekanntschaft verfestigen. Was ist in einem solchen Fall zu tun?

Die beste Munition stellt Ihre Visitenkarte dar. Gehen Sie nie ohne Ihre Visitenkarten von zu Hause weg! Verwahren Sie sie immer griffbereit, damit Sie sie sofort zücken können. Es gibt nichts Schlimmeres, als wenn Sie in Ihrer Handtasche auf der Suche nach Ihrer Visitenkarte herumwühlen. Wenn Sie zu lange brauchen, sagt der andere womöglich: „Ach, machen Sie sich doch nicht so viel Mühe, Ms. Foster! Schicken Sie sie mir einfach zu." Welch grober Schnitzer! Sie haben dadurch gerade die kommunikative Energie verloren.

Es ist auch kein Ersatz, wenn Sie Ihren Namen und Ihre Telefonnummer einfach auf eine feuchte Serviette schreiben. Dadurch wirken Sie nur unorganisiert und schusselig. Wenn Sie heimkommen, notieren Sie sich auf die Rückseiten der soeben eingesammelten Visitenkarten ein paar Bemerkungen, solange Ihnen die Einzelheiten noch frisch im Gedächtnis sind. Weil man leicht eine Visitenkarte verlieren kann, sollten Sie besser die Namen und Telefonnummern aller Leute, mit denen Sie weiter in Kontakt bleiben wollen, in Ihr Adressbuch aufnehmen.

Wenn Sie keine Geschäftsvisitenkarten haben, weil Sie entweder diese Ebene noch nicht erreicht haben oder gerade ohne Stelle sind, besorgen Sie sich selbst welche! Sie können sich in Copyshops oder bei speziellen Versandfirmen preiswert welche drucken lassen oder sich die entsprechende Software besorgen und sie eigenhändig am Computer herstellen. Auf den Visitenkarten sollten Ihr Name, Ihr Unternehmen, Titel (falls vorhanden) und

Telefon- sowie Faxnummern stehen. Wenn Sie gerade ohne Stelle sind, drucken Sie sich Visitenkarten mit Ihrer Privatadresse und Ihren Telefon- und Faxnummern.

Sich einen guten Auftritt zu verschaffen bedeutet im Prinzip, auf gesellschaftlichen Veranstaltungen berufliche Kontakte zu knüpfen. In den vom Wettstreit geprägten neunziger Jahren und danach müssen Sie fähig sein, persönlich zu vermitteln, wer Sie sind und was Sie tun. Sich wirksam einen guten Auftritt zu verschaffen, das ähnelt dem Aufgeben einer persönlichen Anzeige, ohne dafür bezahlen zu müssen. Es kann einen der billigsten und einfachsten Wege darstellen, sich selber zu verkaufen. Wenn Sie die Strategien dieses Kapitels befolgen, sollten Sie ein kleines Strahlen erzeugen können, wohin Sie auch gehen. Machen Sie das Beste daraus!

Zusammenfassung

Wenn Sie sich auf Ihre nächste berufliche Veranstaltung vorbereiten, entschließen Sie sich dazu, diese Erfolgsstrategien anzuwenden:

- Unterbinden Sie Ihre Ängste, indem Sie sich selber psychisch aufbauen.
- Setzen Sie sich ein festes Ziel – Ihr Ereigniszi el.
- Gehen Sie auf die Leute zu und stellen Sie sich vor.
- Fangen Sie ein Gespräch über ein beliebiges Thema an, über das Wetter, die Dekoration, sogar über das Essen.
- Wimmeln Sie uninteressante Leute mit einer kleinen Notlüge ab.
- Hören Sie aktiv zu.
- Drehen Sie auf der Party allein Ihre Runden.
- Halten Sie Ihre Geschäftsvisitenkarten immer griffbereit.

4. Reden Sie wie ein Mann, denken Sie wie eine Frau

„Ein Kollege und ich fuhren zu einer Sitzung. Als wir an einem Lebensmittelgeschäft vorbeikamen, fragte ich ihn, ob er hungrig sei. Er verneinte und fuhr weiter. Nachdem ich meine Verärgerung kundgetan hatte, meinte er: ‚Es tut mir Leid. Ich habe nicht kapiert, dass du Hunger hast. Ich dachte, du erkundigst dich, ob ich etwas essen möchte.' Huch? Wie konnte ihm nur entgehen, was ich sagte? Später kam ich dahinter. Anstatt meine Bitte direkt auszudrücken (wie es die meisten Männer getan hätten, wenn sie hungrig gewesen wären), beschränkte ich mich auf eine Andeutung. Schließlich werden Frauen dazu erzogen, sich so zu verhalten, anstatt das zu sagen, was ihnen wirklich durch den Kopf geht."

Diese Begebenheit passierte mir in der Tat vor ein paar Jahren, aber ich erinnere mich noch immer lebhaft daran. Sie zeigt auf typische Weise die indirekte Art, wie Frauen oft sprechen, was sich sowohl auf wichtige wie belanglose Situationen bezieht. Warum genau bestehen wir Frauen darauf, wie Frauen zu sprechen, und zwar in Situationen, in denen unser Erfolg oft davon abhängt, dass wir wie Männer reden? Ja, diese Frage klingt vielleicht sexistisch - aber ist sie das wirklich? Sie müssten hinter dem Mond leben, um nicht zu erkennen, dass die Kultur des Geschäftslebens sich größtenteils an Männern orientiert. Die männliche Art, zu sprechen und sich zu verhalten, stellt die anerkannte Norm dar. Das ist verständlich, wenn Sie in Betracht ziehen, dass jeder Mensch, Männer und Frauen gleichermaßen, sich an die herrschende Kultur, wie auch immer sie geartet ist, anpassen muss, wenn er zurechtkommen will.

Fragen Sie mal einen Mann, der beim Militär gedient hat, ob er nicht wirklich flott lernen mußte, sich entsprechend der Armeeregeln zu verhalten, wenn er überleben wollte. Warum sollte es für Frauen anders sein, wenn sie ins Arbeitsleben einsteigen?

Allerdings starten die meisten Frauen mit einem schwer wiegenden Nachteil - die Prägung in ihrer Kindheit. Man bringt uns Frauen von Anfang an bei, auf eine ganz andere Art als Männer zu sprechen. Beispielsweise ist Eigenlob für uns wirklich ein Tabu. Folgerichtig fällt es uns leichter, uns selber klein zu machen als Loblieder auf uns anzustimmen. Die meisten männlichen Geschäftsleute haben hingegen nicht das geringste Problem, Ihnen zu erzählen, wie gut Sie ein Problem bewältigten, wie toll ihre Ideen waren usw.

Weiblichen Wesen bringt man auch bei, Wohlwollen, Nähe und Freundschaft zu suchen. Mädchen wird nicht eben nahe gebracht, herrisches Benehmen und Aggressivität in sich zu pflegen. Deshalb lernen wir von früh auf, indirekt zu sprechen, uns bescheiden zu verhalten, eher zu bitten, als Befehle zu erteilen und nie genau das zu sagen, was wir denken. Diese tief in uns verwurzelten Gewohnheiten beeinflussen unausweichlich sowohl unser Verhalten im Beruf wie unser Privatleben.

Nach Expertenmeinung neigen zum Beispiel Frauen dazu, direkte Wendungen wie „erledigen Sie" oder „machen Sie" zu vermeiden und sie durch „könnten Sie" oder „können Sie" zu ersetzen.

Hören Sie einmal genau hin, wie sehr sich „könnten Sie" von „machen Sie" unterscheidet. Der Gebrauch des Wortes „könnten" impliziert, dass der andere die Wahl hat, dass er oder sie einwilligen kann oder nicht, wohingegen die unverblümte Aufforderung eine Anweisung darstellt.

Männliche Sprache

Betrachten wir einmal die Geschäftswelt, eine Welt, die von männlichen Werten dominiert ist. Wenn Sie versuchen, mit Andeutungen und Herumreden Ihr Argument anzubringen, kommen Sie kaum auf einen grünen Zweig. Hierin liegt das Dilemma. Frauen werden plötzlich in eine Welt geworfen, in der die Art, wie sie zu sprechen gelehrt wurden, sich gegen sie wendet. Wie sollten wir also in Anbetracht dieser Dichotomie reden? Vergessen wir das, was man uns in der Kindheit beigebracht hat, und übernehmen wir die Sprache der Männer?

Ja und nein. Wenn wir uns in einer beruflichen Situation mit männlichen Kollegen befinden - was in 99 Prozent der Zeit der Fall zu sein scheint -, ist es viel sinnvoller, so zu sprechen wie die Männer. Das heißt nun nicht, dass Sie grob herumpoltern und Schimpfwörter vom Stapel lassen sollten - das ist auch nicht die Sprache des Berufslebens. Sie müssen auch nicht Ihre Weiblichkeit oder Ihre Individualität aufgeben. Es bedeutet allerdings, dass Sie in der Kommunikation dem „Anführer folgen" müssen. In einer von Männern dominierten Kultur würgt die Abweichung von der allgemein akzeptierten Kommunikationsnorm nicht nur Ihre Karriere ab, sondern kann sie richtiggehend sabotieren.

Von der „schwachen Frau" zur Gewinnerin

Frauen unterminieren in unzähligen geschäftlichen Gesprächen ihre Autorität und mindern ihre Glaubwürdigkeit, ohne den Grund dafür überhaupt zu kennen. Zuerst einmal haben manche Frauen die Angewohnheit, sich derart „wischiwaschi" auszudrücken, dass es so scheint, als wären sie sich nicht sicher, worüber sie da reden. Andere machen sich des Endlosquasselns schuldig und brauchen ewig, um zum Kern einer Sache zu kommen, wodurch die anderen das Interesse verlieren. Ich habe etliche Frauen kennen gelernt, die aufgrund ihrer blumigen Ausdrücke und Übertreibungen ihren männlichen Kollegen dümmlich und unprofessionell vorkamen. Keine dieser Angewohnheiten bewirkt Ihre Entlassung, aber auch nicht Ihre Beförderung.

Eine Frau kann durch ihre Kommunikation auf vielerlei Arten ihre Karriere sabotieren. Es folgen die häufigsten:

- **Entwerten.** Frauen verunglimpfen häufig ihre Ideen, indem sie mit einer negativen Einleitung beginnen: „Dies klingt vielleicht dumm, aber ..." oder „Sie haben wahrscheinlich schon daran gedacht, aber .." bzw. „Ich weiß nicht, ob das irgendwie sinnvoll ist, aber ..." Wenn Sie diese Ausdrücke verwenden, verwässern Sie die Bedeutung dessen, was Sie sagen. Anstatt als bescheiden rüberzukommen (eine Eigenschaft, die wertzuschätzen den meisten Frauen anerzogen wurde), wirken Sie unsicher. Darüber hinaus vermindern Sie Ihre Autorität und geben dem Zuhörer eine gute Ausrede, Ihre Botschaft abzutun. Sie ermuntern auch indirekt Ihren Kollegen zu der Ansicht, es könne sich in der Tat um eine blöde Idee statt einer wirklich guten handeln. Ja, es widerspricht vielleicht den Grundsätzen, nach denen Sie erzogen wurden, aber so läuft es nun einmal. Die „Geschäftswelt" ist eben so – Sie betreten fremdes Territorium, Neuland, und Sie müssen seine Kommunikationswerte übernehmen, wenn Sie Erfolg haben wollen.
- **Sich entschuldigen.** Linguisten zufolge entschuldigen sich Frauen am Arbeitsplatz viel öfter als Männer, wodurch sie eher schuldig und weniger souverän wirken. Weil sich viele Frauen persönlich verantwortlich fühlen für das Meiste, was im Leben schief geht, entschuldigen sie sich andauernd für Dinge, auf die sie nur wenig oder überhaupt keinen Einfluss haben – wie z. B. das Wetter. „Es tut mir schrecklich Leid, dass Sie an einem so scheußlichen Tag unserem Unternehmen einen Besuch abstatten müssen." Es gibt

einen Unterschied zwischen dem Ausdruck echter Anteilnahme und einer Entschuldigung, zu der kein Anlass besteht. Sie brauchen sich nicht den schwarzen Peter für Dinge, die außerhalb Ihrer Verantwortung liegen, zuzuschieben. Obwohl man Sie dafür nicht in siedendes Öl schubst, vermindert es auf subtile Weise Ihre Glaubwürdigkeit, wenn Sie immer - selbst bei Kleinigkeiten - die Schuld auf sich nehmen. Wenn Sie sich zu viel entschuldigen, glauben die anderen womöglich mit der Zeit, Sie würden alles vermasseln und könnten nichts ordentlich auf die Reihe bringen.

- **Stimmbandverrenkungen.** Manche Frauen haben die Gewohnheit, am Satzende die Stimme zu heben. Dadurch scheinen sie eher eine Frage zu stellen, denn eine Feststellung von sich zu geben. Wenn Sie sich auch gern dieser Angewohnheit befleißigen, klingt es so, als hegten Sie selber Zweifel oder seien sich dessen, was Sie da sagen, nicht sicher. Um Ihrer Stimme mehr Autorität und Schlagkraft zu verleihen, sollten Sie am Satzende die Stimme senken.
- **Dauerquasseln.** Manche Frauen leiden an - wie ich es nenne - „krankhafter Weitschweifigkeit". Sie meinen, sie müssten sich in jede Einzelheit ergehen, damit ihre Zuhörer verstehen, worüber sie reden. Infolgedessen leiern sie endlos daher, während der andere nervös wird und sich fragt, ob sie denn überhaupt nicht mehr auf den Punkt kommen.

Wann immer Sie einen Bericht geben, kommen Sie als Erstes auf den Kern der Sache und fügen Sie erst dann weniger wichtige Details an. Dies wird im Geschäftsleben „Führungszusammenfassung" genannt.

Fassen Sie erst das Wesentliche zusammen und schieben Sie dann, wenn nötig, die Kinkerlitzchen nach. Sie möchten das „Steak" verkaufen, nicht das „Gebrutzel".

Ich erinnere mich an eine Fernsehwerbung mit Helmut Markwort für ein deutsches Nachrichtenmagazin, in der es hieß: „Fakten. Nur die Fakten." Der gute Herr Markwort bringt es auf den Punkt: Manche Frauen (und auch Männer) gehen über die Fakten hinaus und fügen so viele Einzelheiten an, dass der Leser/Zuhörer sowohl das Interesse wie auch die Geduld verliert.

Ich rate Ihnen also: Schauen Sie den anderen direkt an und tragen Sie Ihre Sache vor. Sprechen Sie in kurzen Sätzen und kommen Sie so schnell wie möglich auf den Punkt.

- **Die Stille füllen.** Wer sagt, dass Sie am Ende einer Besprechung die Person sein müssen, die ein wenig plaudert und flötet, nur weil sonst niemand etwas sagt? Sie sind *keineswegs* verpflichtet, das Schweigen mit dem Klang Ihrer Stimme zu brechen. Männer halten es selten für nötig, dies zu tun. Wenn Sie zudem so unvorbereitet reden, entkommt Ihnen womöglich etwas, das Sie etwas dümmlich wirken lässt. Eine berufliche Besprechung ist keine Party und es ist nicht Ihre Aufgabe, das Gespräch in Gang zu halten. Wenn ein paar Momente lang nichts gesagt wird, verhalten Sie sich wie die anderen, anstatt mit Blabla hereinzuplatzen. Sie sind eine Geschäftsfrau, keine Geisha. Es liegt nicht in Ihrem Verantwortungsbereich, alle zu unterhalten.
- **Schnell sprechen.** Die besten Kommunikatoren sprechen zwischen 140 und 170 Wörter in der Minute. Bestimmt spricht nicht *jede* Frau zu schnell, aber wenn Sie zu schnell reden, sollten Sie Ihre Geschwindigkeit reduzieren. Es irritiert die anderen, wenn Sie Ihre Argumente zu schnell heraussprudeln. Sie verlieren nicht nur an Glaubwürdigkeit, sondern letztendlich jeden Zuhörer, weil niemand mehr dem folgen kann, was Sie sagen.
- **Zu großen Überschwang an den Tag legen.** „Das war eine gute Präsentation", sagte Walter. „Sie war wirklich unglaublich und so toll ausgedacht", kommentierte seine Kollegin Connie. Walter sprach so, wie er üblicherweise redet, zurückhaltend und direkt auf den Punkt kommend. Connie redete ebenfalls, wie sie es normalerweise tut – überschwänglich und überspru-

delnd. Ihre Beurteilung der Präsentation klang fast so, als beschreibe sie ein Kunstwerk.

Es ist nichts Falsches daran, was beide sagten. Der einzige Unterschied besteht darin, dass Walter die männliche Sprache einsetzte, die sich im Allgemeinen durch Kargheit und Nüchternheit charakterisiert, und Connie die weibliche Sprache, die traditionellerweise weitschweifiger ist und viele Adverbien und Adjektive („Verstärker“) einsetzt, um dasselbe auszudrücken. Experten zufolge schwächen diese Verstärker jedoch eine Feststellung ab. Sie gelten als „zu emotional“ und zu wenig professionell. Tappen Sie nicht in diese Falle. Versuchen Sie, sowohl in Ihren Gesprächen wie auch in Ihren schriftlichen Kommuniqués - also in Memos, Berichten, Briefen usw. - möglichst wenig Verstärker zu gebrauchen. Wenn Sie eine Vorliebe für solchen Sprachgebrauch hegen, sparen Sie ihn sich für private Gelegenheiten auf.

Passen Sie Ihre Sprechweise an

Die Unterschiede zwischen männlicher und weiblicher Kommunikation - wie die oben erwähnten - treten tagtäglich auf. Es ist offensichtlich, dass es sie gibt und dass sie Frauen im Beruf Probleme bereiten können. Die Lösung ist jedoch ziemlich einfach. Sie erfordert von Ihnen lediglich das, was Psychologen „adaptive Kommunikation“ nennen. Direkter ausgedrückt bedeutet das, dass Sie die Sprache sprechen sollen, die zu der Kultur, in der Sie sich befinden, passt. Wenn Sie beispielsweise auf den Mars reisen, müssen Sie „Marsisch“ sprechen, wenn Sie sich verständlich machen wollen. Das Gleiche gilt fürs Berufsleben. Wenn Sie Erfolg haben wollen, reden Sie so, dass es für die Leute, die Sie beeindrucken möchten, akzeptabel ist - für die Leute am Machthebel. Muss ich noch mehr sagen?

Schützen Sie Ihr Führungsimage

Die gesamte vorhergehende Diskussion ist ein Grundbestandteil dessen, wie Sie Ihr Führungsimage vermitteln und schützen. Was zum Teufel soll das denn heißen? Kommunizieren und benehmen sich nicht alle schlauen Karrierefrauen mit Uni-Abschluss wie ausgewachsene Führungskräfte?

Leider lautet die Antwort nein. Trotz der enormen Fortschritte, die Frauen auf der unteren und mittleren Ebene erreicht haben, schaden zu viele von uns der gemeinsamen Sache, indem sie sorglos die in Stein gemeißelte Tatsache ignorieren, dass die männlichen Werte noch immer die Berufswelt beherrschen. Einfach ausgedrückt, die Arbeitswelt wird von Männern auf der Grundlage ihrer psychologischen Weltsicht und dem von ihnen als angemessen erachteten Verhalten organisiert.

Es sollte Sie nicht völlig überraschen, dass die absolute Spitze der Konzernwelt im Grunde ein exklusiver Männerclub ist. Ein kürzlich in *Business Week* erschienener Artikel enthüllte diese aufrüttelnden Statistiken: In den fünfhundert größten amerikanischen Unternehmen sind nur 2,4 Prozent der Spitzenpositionen von Frauen besetzt! Und selbst unter diesen wenigen Frauen, die Vorstandsvorsitzende wichtiger Unternehmen sind, kamen drei von fünf durch den Tod des Ehemannes oder Erbschaft von ihren Eltern in diese Führungsposition. Obwohl es möglicherweise für Frauen ein langsamer Tanz an die Spitze ist, gibt es vieles, was Sie tun können, um Ihren Status zu verbessern, ob Sie nun eine Nachwuchsführungskraft sind oder kurz davorstehen, diese schändliche Glaswand zu durchbrechen.

Obwohl nach konventioneller Weisheit die Geschäftswelt ausschließlich von Männergeheimbünden beherrscht wird, die insgeheim entschlossen sind, Frauen von den Spitzenpositionen fern zu halten, gibt es eine wachsende Zahl von Ausnahmen. Während viele Männer tatsächlich die Frauen ausschließen und den Führungsstab nur an jemanden, der ihnen selber ähnlich ist, weiterreichen möchten, sind viele andere bereit, Frauen dabei zu helfen, die Leiter emporzuklettern. Aber es gibt einen äußerst wichtigen Einspruch: Diese Frauen müssen nicht nur überaus qualifiziert sein - sie müssen auch rund um die Uhr Führungsstil an den Tag legen.

Es gibt unzählige Wege, sich wie eine Führungskraft - ob männlich oder weiblich - zu verhalten, aber konzentrieren wir uns auf die besonderen Herausforderungen, denen sich Frauen gegenüber sehen. Viele Methoden können Ihnen dabei helfen, zu demonstrieren, dass Sie bereit sind, Ihren Platz in der Führungsriege einzunehmen. Es folgen einige der besten:

- *Vermeiden Sie vernichtende Siege.* In ihrem heftigen Bestreben, sich zu beweisen, meinen viele Frauen, ihre Siege müssten klar umrissen und öffentlich sein. Ihrer Meinung nach darf es keinen Zweifel daran geben, dass sie Recht hatten und jemand anderer Unrecht. Wenn es ein Mann war, der etwas in den Sand gesetzt hat, passen Sie besonders sorgsam auf, wie Sie diese Idee vermitteln. Ob es Ihnen gefällt oder nicht, Sie bewegen sich wirklich auf gefährlichem Terrain, wenn Sie an einem Mann Kritik üben. Wenn Sie so dumm sind, dies vor Dritten zu tun, hüten Sie sich vor dem unausweichlichen Messer in Ihrem Rücken. Männer hassen es zu verlieren, vor allem gegen eine Frau.

Vermeiden Sie überhaupt vernichtende Siege, aber ganz besonders gegen Ihre männlichen Kollegen. Lernen Sie, mit Feinfühligkeit Punkte zu machen, und lassen Sie die anderen elegant vom Haken, selbst wenn Sie wissen, dass sie Unrecht haben. Genau auf diese Weise verfahren geschickte, erfolgreiche männliche Drahtzieher.

- *Zeigen Sie keine Besitzansprüche.* Verteidigen Sie nicht mit Zähnen und Klauen Ihren Verantwortungs-

> bereich, wie er in der Arbeitsplatzbeschreibung skizziert wurde. In ihrer Angst, sie könnten ausgenutzt werden, nehmen es manche Frauen sehr übel, wenn man sie um die Erledigung einer Aufgabe bittet, die auch nur um einen Hauch von den Parametern ihrer Stelle abweicht. Wenn man Sie bittet, etwas zusätzlich zu erledigen - so machen Sie es! Vielleicht testet Sie Ihr Vorgesetzter nur, um zu sehen, ob Sie andere Aufgaben übernehmen können. Dies ist einer der Gründe, weshalb ich die erste Vizepräsidentin in der zweihundertjährigen Geschichte des viele Milliarden schweren Colgate-Palmolive-Konzerns wurde.

Eines Tages beauftragte mich der Vorstandsvorsitzende, dem ich unterstand, mit einer schier unmöglichen Aufgabe: Ich sollte innerhalb nur weniger Tage eine komplizierte Pressekonferenz in London organisieren. Davon abgesehen, dass dies eine gewaltige Aufgabe war, umfasste sie auch mehrere Elemente, die mit meinem Aufgabenbereich nicht direkt zu tun hatten. Ich erwähnte dies ihm gegenüber mit keinem Wort. Ich nahm es als Teil dessen, worum man mich gebeten hatte, und erledigte es.

Dabei musste ich mehr als zweihundert Personen kontaktieren, sie zur Teilnahme überreden und Pässe für mehr als ein Dutzend Redner besorgen. Darüber hinaus musste ich Präsentationen und Pressemappen erarbeiten. Mir gelang es, das alles zustande zu bringen - dank der Hilfe meiner Mitarbeiter -, und es wurde eine der erfolgreichsten Pressekonferenzen des Unternehmens überhaupt.

Monate danach merkte der Vorstandsvorsitzende an, selbst er sei sich damals nicht sicher gewesen, ob seine Bitte erfolgreich erfüllt werden könne. Er sagte auch, er sei verblüfft, wie gelassen ich während dieser Zerreißprobe geblieben sei, insbesondere weil er wusste, dass er mich um Dinge bat, mit denen ich nicht vertraut war. Als ich zur Vizepräsidentin des Unternehmens ernannt wurde, erinnerte sich der Vorstandschef, dass die Art und Weise, wie ich die Londoner Pressekonferenz angepackt und durchgeführt hatte, ihn von dem überzeugt habe, was er bereits wusste - dass ich reif war für eine weit reichende Beförderung.

Machen Sie sich keine Sorgen, man könne Sie ausnutzen, wenn man Sie um die Erledigung einer Aufgabe bittet, die nicht zu Ihrem üblichen Job gehört. Sie sind schlau genug, um das zu erkennen und dem Einhalt zu gebieten, wenn es aus dem Ruder läuft.

Und da wir gerade davon sprechen, über den eigentlichen Pflichtenkatalog hinauszugehen: Versuchen Sie immer, Ihren Kollegen und Mitarbeitern einen Gefallen zu tun. Auf diese Weise bauen Sie sich einen Kader von Führungskollegen auf, die vielleicht eines Tages für Sie eintreten werden - oder zumindest davor zurückschrecken, Ihnen ein Messer in den Rücken zu jagen.

- *Lernen Sie, sich unentbehrlich zu machen.* Einige Angehörige der Generation X verfügen über ein irritierendes Anspruchsdenken und erkennen nicht, dass sie sich ihre Auszeichnungen in der Arbeitswelt verdienen müssen. Anstatt sich darauf zu konzentrieren, was sie dem Job geben können, um voranzukommen, richten sie ihr Augenmerk einzig darauf, was sie davon profitieren können. Gemäß dem Ausspruch von John F. Kennedy - „Frage nicht, was dein Land für dich tun kann, frage, was du für dein Land tun kannst" - kann man unter anderem dadurch zeigen, dass einem an seiner Stelle gelegen ist, indem man sich wirklich anstrengt, die Bedürfnisse der Vorgesetzten vorauszuahnen, noch ehe sie sie überhaupt äußert. Finden Sie heraus, was sie wirklich will - nicht nur, was sie sagt, dass sie will, oder was das Managementhandbuch sagt, was sie wollen sollte - und dann führen Sie es aus. Dies ist kein heuchlerisches, schmeichlerisches „Honig-ums-Maul-Schmieren". Es ist ein echter Wunsch, Ihr Bestes zu geben und in diesem Prozess Ihren Beitrag zu leisten.
- *Fürchten Sie sich nicht davor, ein einsamer Wolf zu sein.* Viele Frauen fühlen sich nur wohl, wenn sie in

einer Gruppe arbeiten - als Teil eines Teams. Kein erfolgreiches Unternehmen wurde je von einem Komitee geleitet, und es wurde auch niemals eine Gruppe Vorstandschef. Wenn es die Situation rechtfertigt, packen Sie den Stier bei den Hörnern und gehen Sie allein los. Darin besteht ein Weg, Führungspotenzial zu demonstrieren. Aber arbeiten Sie währenddessen die ganze Zeit weiter an Ihrem Netzwerk - nicht nur mit Kollegen, sondern ebenso mit höher gestellten Personen.

- *Bitten Sie um Belohnungen.* Männer bitten routinemäßig um Gehaltserhöhungen und andere Vergünstigungen - weit häufiger, als dies Frauen tun. Wie ich in „The Savvy Woman's Success Bible" erwähnte, geben sich Frauen oft viel zu bereitwillig mit Komplimenten zufrieden („Sie leisten hervorragende Arbeit, Jane") anstatt mit Geld. Aber dabei kommt es entscheidend auf die Wahl des passenden Zeitpunkts an. Sie müssen den richtigen Zeitpunkt erkennen - und der ist dann mit Sicherheit nicht gegeben, wenn sich das Unternehmen oder der Chef gerade in einem Tief befinden.
- *Geben Sie den Gedanken an den Märchenprinzen auf.* Die Gesellschaft hat Frauen immer beigebracht, dass sie ohne Mann nur die Hälfte wert seien. Zu viele Frauen fühlen sich nicht wirklich erfolgreich, wenn ihr Liebesleben nicht ihrem beruflichen Status gleichkommt. Andererseits bewertet die Gesellschaft den Erfolg eines Mannes unabhängig davon, ob er geschieden oder glücklich verheiratet ist bzw. eine Freundin hat. Frauen müssen lernen, dass ihr beruflicher Erfolg nichts damit zu tun hat, ob sie nun ledig, geschieden oder mit ihrem Prinzen vermählt sind.
- *Sie müssen es unbedingt wollen.* Die Unternehmen fordern von ihren aufwärts strebenden Führungskräften ein entsagungsreiches Leben. Rechnen Sie mit verpassten Abendessen, ruinierten Wochenenden, stornierten Urlauben und ständigen Reisen. Unter-

nehmen wollen mehr als Ihre hervorragende Leistung, sie wollen auch Ihre absolute Hingabe.

- *Vermeiden Sie es, das Unternehmen misszuverstehen.* Zu viele Frauen glauben, ein Unternehmen habe eine Seele. Sie hätten gern, dass ein Unternehmen sie psychisch umhegt und ihnen sagt, wie sehr ihm an ihnen liege. Weil Männer schon länger mit Unternehmen zu tun haben, wissen sie, dass das nicht passieren wird. Sie verstehen, dass ein Unternehmen seine Angestellten nicht verhätscheln kann. Nur selten, wenn überhaupt wird Ihnen jemand aufmunternd zusprechen, wenn Sie niedergeschlagen sind, oder Ihnen sagen, dass Sie das Zeug zu Großem haben, und Ihnen dann zeigen, wie Sie es anzupacken haben. Schließlich sind wir hier nicht im Kindergarten. Während viele Unternehmen in den letzten Jahren zunehmend familienfreundlicher geworden sind (Erziehungsurlaub gegenüber weniger voreingenommen sind etc.), ziehen sie beim Geld noch immer den Schlussstrich. Wenn Sie sich auf der Überholspur befinden, leben Sie ein Leben der Kompromisse: nicht genug Zeit für Ihre Familie und Spannungen mit Ihrem Partner. Stellen Sie sich darauf ein!

Wenn Ihnen dies alles wie ein Managementeinführungskurs vorkommt, so haben Sie Recht. Sie wären jedoch überrascht, wie viele fähige Frauen das Offensichtliche übersehen, weil ihnen - anders als Männern - nie jemand die Grundlagen beigebracht hat. Obwohl viele Frauen über alle wichtigen Referenzen verfügen - Ausbildung, Hingabe und hervorragende Berufskenntnisse -, schaffen sie es doch nicht bis an die Spitze. Oft liegt dies einfach daran, dass sie das Entscheidende im Leben nicht beachten - die verblendeten Blicke auf das Offensichtliche.

5. Passen Sie sich um des Erfolgs wegen den gesellschaftlichen Normen an

„Wir befinden uns anscheinend mitten in einem Ausbruch der Höflichkeit. Auch das Spenden von Geld und Zeit an Wohltätigkeitsorganisationen befindet sich im Steigen. Mit dem Älterwerden der Bevölkerung werden wir immer höflicher.“

Dies schreibt das Magazin *Forbes* über die Wiederkehr guten Benehmens. Und *Variety*, die Bibel des Showbiz, erkennt ebenfalls das Come-back guter Manieren, selbst im machohaften Hollywood: „Ungehobeltes Verhalten ist - anders als in den achtziger Jahren - in Hollywood keine Lebensform mehr. Heute ist Höflichkeit angesagt.“

Erinnern Sie sich noch an diese betulichen Wörter „bitte“ und „danke“? Ja, sie sind wieder modern! Nach Jahrzehnten, in denen man ungehobeltes Verhalten und gesellschaftliche Schnitzer nicht weiter beachtete, scheint es nun, als hielte unser Universum unter Quietschen an und sagte: „Halt, es reicht!“

In den achtziger Jahren, die von rücksichtslosem Verhalten geprägt waren, fielen die Manieren unter den Tisch. Heute, in den freundlicheren neunziger Jahren, verlangen die Geschäftsleute heftig nach Hinweisen in puncto Etikette für Führungskräfte. Sie verschlingen Bücher, Zeitungen und Magazinkolumnen, die einem sagen, was sich gehört und was nicht. Führungskräfte nehmen sogar an Benimmkursen teil und kaufen entsprechende Lehrvideos wie nie zuvor. Es scheint eine aggressive Hingabe an die Höflichkeit zu geben, insbesondere am Arbeitsplatz, wo *nett* ein Schimpfwort zu sein pflegte. Die Halsabschneiderinsel ist nun dem Höflichkeitsarchipel gewichen!

Dies alles ergibt durchaus Sinn! Jeder, der im Beruf Erfolg haben möchte, braucht alle Fähigkeiten im Umgang mit anderen, die man nur aufbringen kann. Und darauf laufen im wesentlichen gute Manieren hinaus: dass man andere mit Respekt und Rücksicht behandelt. Es verwundert nicht, dass die Gute-Manieren-Bewegung sich schneller ausbreitet als die fettfreien Lebensmittel in den Supermarktregalen.

Sie sind doch kein grober Klotz, oder?

Und was hat das Ganze nun mit Ihnen zu tun? Viel sogar! Ihre guten Manieren - oder deren Mangel - senden eine sehr klare Botschaft aus darüber, wer und was Sie sind. Sie etikettieren Sie schnell entweder als gesellschaftlich gewandt oder als groben Klotz. Manch eine Möchtegern-Führungskraft schafft es nicht, weil es ihr an der gesellschaftlichen Verfeinerung mangelt, die sie an die Spitze führen würde. Schwestern, ihr könnt euch darauf verlassen - wahre Etikette geht weit über einen Schnellkurs in der Schule für charmantes Benehmen hinaus. Gute Manieren sind goldene Richtlinien für das Alltagsleben. Höflichkeit macht die Welt nicht nur freundlicher und angenehmer, Ihr höfliches Auftreten hilft Ihnen auch, das geschliffene Image einer *angehenden* Führungskraft zu entwerfen.

Gesellschaftliches Know-how

Nichts davon ist überraschend angesichts der Tatsache, dass Führungskräfte schon immer, wenigstens zum Teil, nach ihren gesellschaftlichen Fertigkeiten beurteilt wurden. Derzeit besitzt berufliche Etikette jedoch noch mehr Gewicht, aufgrund der immer weiter zunehmenden Tendenz, gesellschaftliche und geschäftliche Aktivitäten zu vermischen. Heutzutage hängt der geschäftliche Erfolg fast im selben Maße von den Umgangsformen wie vom Fachwissen ab. Dieses Kapitel soll Ihnen einen Überblick über die Etikette geben, unter Betonung der nötigen Höflichkeitsregeln am Arbeitsplatz. Sie können sich profundes Wissen über all die anderen gesellschaftlichen Extras aneignen, indem Sie sich ein einschlägiges Buch über Umgangsformen zu Gemüte führen.

Zum Essen gehen

Vor nicht allzu langer Zeit lernten die meisten Kinder Tischsitten, wenn sie noch auf Mutters Schoß saßen. Heute sind die Tischmanieren mit der zunehmenden Berufstätigkeit der Frauen und des damit einhergehenden Verschwindens der täglichen Familienmahlzeit buchstäblich unter den Tisch gekehrt worden. Wie viel Geschick braucht es schließlich, um einen Big Mac zu futtern, von Brathähnchen, nach denen man sich die Finger leckt, ganz zu schweigen? So lecker sie auch schmecken mögen, so benutzt man für diese Gerichte nicht unbedingt Messer und Gabel. Kein Wunder, dass viele strebsame junge Frauen gute Noten für ihre beruflichen Fähigkeiten bekommen, aber in puncto Tischsitten für Führungskräfte durchfallen.

Heulgeschichten

Es gibt viele traurige Geschichten über bienenfleißige Stellenaspirantinnen, die die erste Hürde nahmen und es sich dann verscherzten, wenn sie von ihren potenziellen Vorgesetzten zum Mittag- oder Abendessen eingeladen wurden. Diese jungen Frauen erkannten nicht, dass man sie danach beurteilte, wie geschickt sie sich auf gesellschaftlichem Parkett bewegten.

Um die vorher erwähnte Patricia Francy, die Schatzkanzlerin der Columbia Universität, New Yorks drittgrößtem Arbeitgeber, zu zitieren: „Zukünftige Arbeitgeber, die Sie zum Essen einladen, wollen Sie damit nicht nur glauben machen, sie seien nette Menschen. Gewiss, sie wollen

Sie besser kennen lernen, aber auf ihrer geheimen Tagesordnung steht weitaus Bedeutsameres. Sie wollen in Wirklichkeit herausfinden, wie gewandt Sie sich in beruflich-gesellschaftlichen Situationen verhalten."

Verfügen Sie über das, was man braucht, um einen Kunden zu unterhalten? Können Sie bei einem Geschäftsessen das Unternehmen angemessen repräsentieren? Unternehmen wissen, und Sie hoffentlich auch, dass Tischsitten viel mehr über Sie verraten, als Sie vielleicht annehmen. Ihre Fertigkeiten bei Tisch senden schneller als ein Fax eine Botschaft darüber aus, ob Sie zur Führungskraft taugen.

Essen in drei Akten:

1. Akt: Zu Beginn

Nehmen Sie Platz (gerade, keine lässige Haltung), legen Sie sich die Serviette auf den Schoß, lassen Sie bloß die Ellbogen vom Tisch! Wenn Sie nervös sind und etwas mit Ihren Händen tun müssen, trinken Sie ein paar Schlucke Wasser. Damit Sie nicht das Glas eines anderen erwischen: Ihr Wasserglas steht rechts. Sie können sich leicht daran erinnern, wenn Sie sich vorsagen, dass Wasser zu trinken immer das *Rechte* ist. Dementsprechend befindet sich *Ihr* Brotteller auf der linken Seite. Wenn Ihnen noch immer Schmetterlinge im Bauch herumschwirren, können Sie ein Stückchen Brot mit Butter bestreichen (*niemals* das ganze Stück). Denken Sie daran, das Stück Brot muss sich auf dem Teller befinden, nicht etwa in Ihrer Hand.

Vielleicht machen Sie sich Sorgen, welches Messer und welche Gabel Sie wann nehmen sollen, vor allem dann, wenn viel Besteck an Ihrem Platz liegt. Das ist so einfach, man glaubt es kaum. Wenn der erste Gang serviert wird, nehmen Sie das Besteck, das am weitesten vom Teller entfernt liegt, und arbeiten sich mit jedem Gang weiter nach innen. Und natürlich fangen Sie nicht zu essen an, bevor nicht jedem am Tisch serviert wurde.

Peinlicher Fauxpas:
Wenn Sie etwas Ekliges in Ihrem Essen entdecken, machen Sie keine Szene. Nehmen wir an, es schwimmt eine Fliege in Ihrer Soße. Niemand sagt, Sie müssen es klaglos hinnehmen, essen Sie einfach nicht mehr weiter. Wenn Sie in einem Privathaushalt eingeladen sind, wird der Gastgeber schnell merken, dass Sie nicht weiteressen. Sie können immer so etwas sagen, wie: „Oh, ich glaube, ich habe die Fleischeinlage in der Suppe gefunden" oder welche komische Bemerkung Ihnen auch immer in den Sinn kommt. Wenn Sie hingegen in einem Restaurant sind, machen Sie unauffällig den Kellner auf das Malheur aufmerksam.

2. Akt: Mittelteil

Ihr Benimmlehrer sagt, dass Sie niemals, unter gar keinen Umständen beim Essen mit Messer und Gabel herumfuchteln dürfen. Benutzen Sie sie zum Essen, nicht zum Gestikulieren. Lassen Sie sich beim Essen Zeit. Es zeugt von schlechten Tischsitten, das Essen hinunterzuschlingen. Nehmen Sie winzige Bissen, keine riesigen. Lassen Sie sich bloß nicht dabei ertappen, wie Sie über den Tisch nach Salz oder Pfeffer langen (der alte „Internatsgriff"); bitten Sie stattdessen jemanden, es Ihnen zu reichen. Und Ihre Finger sind keine Werkzeuge; benutzen Sie sie also keinesfalls, um damit Essen auf Ihre Gabel zu befördern. Nehmen Sie zu diesem Zweck ein Stückchen Brot oder einen Cracker. Spießen Sie Erbsen auch nicht auf die Gabel, lassen Sie sie einfach daraufgleiten.

Wenn Sie während der Mahlzeit den Tisch verlassen müssen, falten Sie Ihre Serviette, legen Sie sie auf den Stuhl und rücken Sie dann den Stuhl wieder an den Tisch. Lassen Sie die Serviette nicht auf dem Tisch liegen; Ihre Tischnachbarn erfreuen sich nicht am Anblick einer benutzten Serviette.

Peinlicher Fauxpas:
Kauen Sie nicht mit offenem Mund und reden Sie nicht mit vollem Mund. Wenn Sie mitten im Kauen etwas gefragt werden, halten Sie einfach den Finger hoch, um höflich anzudeuten: „Warten Sie bitte eine Sekunde."

3. Akt: Zum Schluss

Wenn Sie mit dem Essen fertig sind, legen Sie Messer und Gabel rechts auf den Teller und lassen Sie sie leicht nach links zeigen. Sie können sich dies so vorstellen, als sei Ihr Teller eine Uhr, und Messer und Gabel stünden auf zwanzig nach vier. Dies ist ein universelles Zeichen, das Kellner überall auf der Welt so interpretieren, dass Sie jetzt fertig sind. Wenn Sie das nicht tun, räumen in vielen Ländern die Kellner Ihren Teller nicht ab, weil sie annehmen, dass Sie noch essen. Legen Sie Ihre Serviette links neben Ihren Teller. Dort liegt sie meistens auch zu Beginn der Mahlzeit. Wenn die Teller abgeräumt sind, lassen Sie Ihre Serviette dort liegen. Falten Sie sie nicht wieder und knüllen Sie sie auch nicht zusammen. Und stapeln Sie nie Ihre leeren Teller aufeinander. Das ist Aufgabe des Kellnerlehrlings.

Peinlicher Fauxpas:
Wenn Sie mit dem Essen fertig sind, dürfen Sie niemals rauchen, ohne vorher um Erlaubnis gefragt zu haben. Bei einem geschäftlichen Essen sollten Sie am besten überhaupt darauf verzichten. Heutzutage wird oft weder im Büro noch zu Hause geraucht und viele Leute sind dem Rauchen gegenüber sehr ablehnend eingestellt.

Essweisen

In Amerika halten viele beim Schneiden die Gabel in der linken Hand und das Messer in der rechten und wechseln die Gabel in die rechte, wenn sie das Essen zum Mund führen. Diese Essweise gilt in Amerika als völlig korrekt. Seien Sie nicht zu übereifrig, falls Sie diesen Stil anwenden sollten, und schneiden Sie nicht alles auf einmal, als bereiteten Sie einem Kleinkind das Essen vor. Nur ein oder zwei Stücke auf einmal sind erlaubt. Wenn Sie mit dem Schneiden fertig sind, legen Sie das Messer horizontal oben auf Ihren Teller und wechseln Sie die Gabel (mit dem Essen darauf) in Ihre rechte Hand, um es zum Mund zu führen.

Peinlicher Fauxpas:
Machen Sie kein großes Tamtam, wenn Ihr Besteck schmutzig ist. In einem Restaurant bitten Sie einfach den Kellner um Ersatz. Wenn Sie in einem Privathaus eingeladen sind, versuchen Sie, das Besteck diskret abzuwischen.

Zeit zu nippen

Wenn Sie Suppe essen, nippen Sie, schlürfen Sie nicht. Warum soll man den Anwesenden ein Schauspiel bieten? Nehmen Sie lieber geräuschlos jeweils einen Löffel voll. Und füllen Sie ihn nicht bis zum Rand, weil das spritzen kann. Wenn der Löffel zu voll ist, schüttet man die Suppe leicht auf den Tisch oder bekleckert sich damit. Bewegen Sie den Löffel etwas von sich weg und führen Sie ihn dann zum Mund. Kippen Sie die Suppentasse nicht, um die letzten paar Tropfen auch noch zu erwischen. Denken Sie daran, Sie sollten sich nicht so benehmen, als sei dies Ihre erste Mahlzeit seit einer Woche. Und legen Sie zwischen den Schlucken den Löffel auf den Teller unter der Suppentasse.

Wenn Sie die Gastgeberin sind

Wenn Sie, vor allem mittags, in irgendein teures Restaurant gehen, sind die Tische fast ausnahmslos voller Geschäftsleute, die etwas verkaufen. Das Geschäftsessen macht einen allgemein anerkannten Teil des Lebens von Führungskräften aus. Bei einem Geschäftsessen hat man ohne den Druck von Telefonanrufen und anderen Unterbrechungen Zeit für wichtige Besprechungen.

Geschäftliche Unterhaltungen erlauben uns, unser Produkt - alles: von irgendwelchen Dingen bis zu uns selber - in angenehmer Umgebung, unterstützt durch gutes Essen und Getränke, zu verkaufen. Aber all die Zeit, Mühe und das Geld sind völlige Verschwendung, wenn Sie nicht wissen, wie man sich als Gastgeberin richtig verhält. Auch hier gibt es, wie auch sonst im Geschäftsleben, klar definierte Regeln zu befolgen.

Seien Sie überpünktlich

Sofern Sie nicht die Treppe hinuntergefallen sind und sich beide Beine gebrochen haben, sollten Sie *immer* ein paar Minuten zu früh kommen, damit Sie zur Stelle sind, um Ihren Gast oder Ihre Gäste zu begrüßen. Diese nette Geste lässt die Gäste Ihre Freude darüber spüren, dass sie sich die Zeit nehmen und zu Ihnen kommen konnten. Zudem bekommen Sie dadurch die Möglichkeit, sich einen „guten" Tisch auszusuchen und einen Blick auf die Speise- und Weinkarte zu werfen, so dass Sie einige der besseren Gerichte des Restaurants vorschlagen können, was eine weitere nette Geste darstellt. All dies weist Sie nicht nur als verantwortungsvolle Gastgeberin aus und betont Ihre Verantwortlichkeit, sondern Ihre Gäste fühlen sich auch willkommener. Und so sollte es sein, wenn Sie bei einer Einladung einen professionellen Eindruck hinterlassen wollen.

„Eine Flasche Wein, bitte!"

Wenn der Anlass nach Wein verlangt und Sie sich leider in puncto Wein nicht auskennen, verzweifeln Sie nicht! Bitten Sie einfach den Kellner, Ihnen einen passenden Tropfen zu empfehlen. Wenn Sie ihm sagen, Sie hätten gern einen guten Wein, der „sein Geld wert ist", versteht der Kellner, dass Sie keinen Wein wollen, der mehr als eine Monatsmiete kostet. Sie müssen nicht meinen, Sie als Gastgeberin müssten Unsummen für Wein ausgeben. Sie wirken in der Tat viel weltgewandter, wenn Sie eine Flasche Wein bestellen, die gut schmeckt, aber nicht überirdisch teuer ist.

Wenn Ihr Gast einen Aperitif möchte, Sie aber nicht, müssen Sie aus Gründen der Höflichkeit nicht auch einen trinken. Bestellen Sie stattdessen ein Glas Saft oder ein anderes alkoholfreies Getränk, um ihm Gesellschaft zu leisten. Auf diese Weise kommt sich Ihr Gast nicht komisch vor, dass er Alkohol zu sich nimmt, Sie jedoch nicht. Wenn Sie sich unbehaglich fühlen, dass Sie nicht mit Ihrem Tischgenossen trinken, können Sie immer einen Satz sagen wie: „Es tut mir Leid, aber heute lasse ich den Aperitif aus" oder „Ich habe heute Nachmittag noch eine wichtige Sitzung".

Essenszeit

Wenn das Essen serviert ist, nehmen Sie erst einige Bissen, ehe Sie sich in Ihre Verkaufsgespräche oder eine lange geschäftliche Diskussion stürzen. Sie können nichts erfolgreich verkaufen, wenn Ihre Gäste hungrig sind und es kaum erwarten können, sich ans Essen zu machen. Ihre Gäste sind dann mit den Gedanken mehr beim Essen als bei dem, was Sie besprechen wollen.

Bestellen Sie kein Gericht, das schwierig zu essen ist, ganz egal, wie sehr es Ihnen auch schmeckt. Wenn Sie mit glitschigen Spaghettischnüren kämpfen oder fettige Spareribs in Angriff nehmen, können Sie keinen tollen Eindruck machen. Vergessen Sie auch Maiskolben (bleibt zwischen den Zähnen kleben) und Hummer. Am besten eignen sich Gerichte, die man mühelos und ohne großen Aufwand zerteilen und essen kann. Wählen Sie Fisch, Fleischscheiben (keine großen Stücke), mundgerechte Pasta oder sogar ein vegetarisches Gericht. Es erfordert zu viel Konzentration, ein T-Bone-Steak zu zersägen oder ein Wildhuhn zu zerlegen.

Wenn Sie an den Tisch geführt werden und bemerken, dass er zwei „Aussichten“ hat – eine zu den anderen Restaurantgästen, die andere an eine leere Wand (oder zur Küche hin), nehmen Sie als höfliche Gastgeberin den weniger günstigen Platz ein.

Wenn Sie wissen, dass Ihr Gast raucht und Ihnen das nichts ausmacht, fragen Sie Ihren Gast, ob er (oder sie) lieber im Raucherteil des Restaurants sitzen möchte. Da heute jedoch immer mehr Leute überzeugte Nichtraucher sind, müssen Sie sich jedoch nicht unbedingt danach erkundigen.

Den Ball aufgreifen

Nichts ist schlimmer, als jemanden zum Essen einzuladen und dann am Tisch eine peinliche Stille entstehen zu lassen. Dies wirkt sich insbesondere dann fatal aus, wenn Sie einen Kunden einladen. Ich kenne eine Sachbearbeiterin für Kundenwerbung einer bekannten Frauenzeitschrift, die diese Stille so sehr fürchtet, dass sie ein „Gesprächsarbeitsblatt“ vorbereitet. Liz meint: „Zuerst notiere ich mir berufliche Themen, die ich ansprechen möchte. Dann schreibe ich noch alle möglichen aktuellen Themen auf, die ich am Morgen gehört habe, für den Fall, dass noch Zeit für ein allgemeines Gespräch bleibt.“ Dank dieser Vorbereitung kann Liz das Gespräch in Gang bringen, ehe sie über die anstehenden geschäftlichen Themen spricht, und hat zugleich noch Themen parat, wenn das berufliche Gespräch abgeschlossen ist.

Peinlicher Fauxpas:
Telefonieren Sie nicht bei Tisch per Handy, selbst wenn es sich um eine dringende geschäftliche Frage handelt. Die anderen Gäste, die an Ihrer jüngsten Krise nicht interessiert sind, erleben Sie als ungeschliffen und rücksichtslos. Stehen Sie entweder auf und gehen Sie zu den öffentlichen Telefonen oder steuern Sie die Toilette an und telefonieren Sie von dort per Handy.

Trinkgeld

Trinkgeld zu geben ist so einfach. Warum werden nur so viele ansonsten clevere Frauen so nervös dabei? Zuallererst sollte sich die Höhe des Trinkgelds nach der Höhe der Rechnung vor Steuern richten; andernfalls geben Sie zu viel. Die Faustregel lautet: mindestens 10 Prozent. Viele Leute rechnen dies schnell aus, indem Sie in etwa die Höhe der Mehrwertsteuer geben, wenn diese gesondert auf der Rechnung ausgewiesen ist. Ansonsten nehmen Sie zehn Prozent der Rechnung (leicht auszurechnen) und fügen dann noch die Hälfte dieses Betrages hinzu. Wenn die Rechnung also 50 Dollar beträgt, nehmen Sie zehn Prozent (oder fünf Dollar) plus die Hälfte davon (2,50 Dollar). Also beträgt Ihr Trinkgeld insgesamt 7,50 Dollar. Angenommen, der Service war besonders gut und der Kellner ließ Sie vor Ihren Geschäftsfreunden wirklich in strahlendem Licht erscheinen, dann können Sie bis zu zwanzig Prozent Trinkgeld geben bzw. zehn Dollar in obigem Beispiel.

Wenn Sie zu einem Geschäftsessen laden, möchten Sie, dass alles reibungslos und ohne Unterbrechung des anstehenden Themas abläuft. Der Maître kann Ihnen dabei helfen, indem er Sie mit Namen begrüßt, Ihnen einen guten Tisch gibt und notfalls bei einem Problem eingreift. Für diesen Fall falten Sie eine Fünf-Dollar-Note einmal und legen Sie sie ihm äußerst unauffällig in die Hand. Sagen Sie nichts weiter, lächeln Sie einfach und gehen Sie an Ihren Tisch. Die meisten Männer, die ohnehin automatisch den besseren Service bekommen, lassen dem Maître *nach* dem Essen ein Trinkgeld zukommen. Sofern man mich in dem Restaurant nicht gut kennt, gebe ich ihm das Trinkgeld üblicherweise *vorher*, weil dies gewährleistet, dass man sich gut um mich kümmert - worauf sich eine Frau nicht immer verlassen kann. So gern Frauen auch neue Restaurants entdecken und auskundschaften, so ist es für Geschäftseinladungen doch sinnvoller, immer dasselbe Restaurant aufzusuchen, damit man Sie dort mit der Zeit kennt.

Wenn Sie eingeladen sind

Ein idealer Gast zu sein stellt eine Kunst dar. Es ist nicht fürchterlich kompliziert, erfordert aber ein wenig Nachdenken. Die Mühe kann sich jedoch überaus lohnen - Sie werden zu den besten Partys eingeladen, treffen aufregende neue Leute und, wer weiß, vielleicht bekommen Sie auf diese Weise sogar noch einen neuen Job.

Die Regeln sind für Gäste bei geschäftlichen und gesellschaftlichen Ereignissen weitgehend identisch. Wenn Sie die Regeln für das „Essen in drei Akten", die weiter vorn in diesem Kapitel besprochen wurden, befolgen, werden Ihre grundlegenden Tischsitten akzeptabel sein. Damit man ein Supergast wird, ist jedoch weit mehr als das erforderlich. Sie müssen auch wissen, wie Sie sich auf achtsame und interessante Weise darstellen. Manche Leute halten es für chic, zu spät zu kommen, aber schlaue Gäste wissen es besser - es grenzt an Unhöflichkeit, sofern man dafür keinen sehr guten Grund vorbringen kann. Ein paar Minuten gehen in Ordnung, aber mehr als eine Viertelstunde sollte es wirklich nicht sein. Zudem ruft ein rücksichtsvoller Gast immer die Gastgeberin an, um sie zu informieren, dass er aufgehalten wurde.

Peinlicher Fauxpas:
Es zeugt von besonderer Unhöflichkeit, sich mit der Zusage zur Einladung bis zur letzten Minute Zeit zu lassen. Außerdem sieht das so aus, als warteten Sie noch auf ein „besseres" Angebot. Setzen Sie niemals voraus, der Gastgeber wisse schon, dass Sie kämen. Die vier Buchstaben U.A.w.g. sagen, dass es nötig ist, sich die paar Minuten für einen Telefonanruf zu nehmen und zu- oder abzusagen. Und bringen Sie niemals einen nicht eingeladenen Gast zu einer Einladung mit, sei sie nun beruflich oder privat, wenn Sie nicht Ihren Gastgeber zuvor um Erlaubnis gebeten haben. Selbst wenn es sich um eine Cocktailparty im Stehen handelt, möchte Ihre Gastgeberin vielleicht aus einer Vielzahl von Gründen keine zusätzlichen Gäste haben. Wenn Sie sich eines dieser gesellschaftlichen Fauxpas schuldig machen, werden die Einladungen bald spärlicher tröpfeln, als Sie es sich vorstellen können.

Ideale Gäste machen es sich zur Aufgabe, sich von der Ankunft bis zum Abschied freundlich und entgegenkommend zu verhalten. Nach der Begrüßung des Gastgebers oder der Gastgeberin bemühen sie sich, höflich und gesellig gegenüber allen Anwesenden zu sein. Sie wissen, dass es ihre Aufgabe ist, im ganzen Raum herumzugehen und niemanden zu ignorieren. Legen Sie sich auf einer Party nicht zu offensichtlich gegenüber Ihrem Chef oder einer anderen wichtigen Führungskraft ins Zeug. Belegen Sie ihn oder sie niemals mit Beschlag, um auf ihn oder sie einzureden. VIPs mögen es nicht, wenn man sie einkesselt. Zudem gewinnen sie so den Eindruck, Sie wüssten nicht, wie man sich in Gesellschaft benimmt. Darüber hinaus dürften die anderen Gäste etwas dagegen haben, wenn Sie ein Monopol auf Frau oder Herrn Wichtig erheben; auch sie würden sie oder ihn gern begrüßen.

Wenn sich gewandte Gäste zum Essen setzen, wissen sie, dass sie ihre Zeit gleichmäßig zwischen ihren beiden Tischnachbarn aufteilen müssen. Wenn sie einen ihrer Tischnachbarn unsympathisch finden, unternehmen sie wenigstens den Versuch, höflich zu sein und keine Szene zu machen.

Peinlicher Fauxpas:
Unterstehen Sie sich, Tischkarten auszutauschen, weil Sie jemanden erspäht haben, neben dem Sie lieber sitzen würden. Das gilt als absolutes Tabu und wird Sie als aggressive Hexe auszeichnen!

Machen Sie nie viel Aufhebens, wenn Ihnen etwas serviert wird, was Sie nicht mögen. Schieben Sie es einfach ein wenig auf Ihrem Teller herum und geben Sie vor, dass es Ihnen schmeckt. In den meisten Fällen werden Ihre Tischnachbarn nicht einmal merken, dass Sie die Tomaten oder was auch immer nicht probieren. Heutzutage essen immer mehr Leute kein Fleisch, nicht einmal Geflügel. Wenn Sie bei sich zu Hause eine Einladung geben, versuchen Sie Reis- oder Nudelgerichte mit viel Gemüse für die Vegetarier anzubieten. Wenn Sie hingegen eingeladen sind und Ihre Gastgeberin zufällig bemerkt, dass Sie beispielsweise den Schweinebraten ausgelassen haben, dürfen Sie ruhig sagen, dass Sie kein Fleisch essen. In der heutigen Zeit, in der gesunde Ernährung so sehr im Vordergrund steht, wird man im Allgemeinen Verständnis zeigen.

Gute Gäste befolgen auch eine Reihe anderer Rituale. Sie beachten die Kleidervorschriften. Wenn Sie sie ignorieren, wird das schneller als alles andere Ihre beruflichen und gesellschaftlichen Wirkungskreise zerstören.

Verschlunzte Sachen sind immer verboten, und „lässige“ Kleidung ebenfalls, wenn alle anderen ihre beste Bürokleidung tragen. Wenn auf der Einladung nicht steht, ob es sich um eine formelle Einladung (schwarze Fliege) handelt, eine geschäftsmäßige oder eine ungezwungene, dürfen Sie ruhig nachfragen! Rücksichtsvolle Gäste wissen auch, wann sie sich verabschieden sollen. Es gibt nichts Schlimmeres, als wenn Leute noch endlos herumhängen, wenn die Gastgeberin schon aufräumen oder zu Bett gehen möchte. Wenn Ihnen dies einmal passieren sollte, sagen Sie einfach zu diesen Kletten: „Ich habe mich sehr über Ihr Kommen gefreut, wir sollten uns bald wieder treffen."

Es ist immer eine hübsche Geste, wenn Sie als Gast dem Gastgeber ohne ungebührliche Verzögerung ein handschriftliches Dankeschön schicken. Wenn Sie zu lange warten, verliert es seine Wirkung. Ein Telefonanruf geht auch, wirkt aber weniger elegant. Sie müssen auch gleich anrufen, am besten am nächsten Tag.

Protokoll für das Privatflugzeug

Sie kommen vielleicht jetzt noch nicht in den Genuss dieser Unternehmensvergünstigung, aber ich rechne damit, dass Sie diese Ebene erreichen, da Sie so klug sind, dieses Buch zu lesen. Wenn Sie eingeladen werden, mit dem Firmenjet oder einem anderen zu fliegen, gilt es, strenge und unerschütterliche Regeln zu befolgen. Wenn Sie sich nicht daran halten, wirken Sie ungehobelt und unerfahren. Um ein Führungsimage zu projizieren, halten Sie sich an folgende Regeln:

1. Erscheinen Sie nicht pünktlich am Flugplatz, sondern *zu früh.* Es ist der Gipfel der Unhöflichkeit, auch nur eine Minute zu spät zu kommen, und manche Gastgeber werden ohne Sie abfliegen. Schließlich erweist man Ihnen mit der Einladung, in solchem Luxus zu fliegen, einen Gefallen. Kommen Sie stattdessen mindestens eine halbe Stunde vor Abflug zum Flugplatz. Dies zeugt nicht nur von Rücksichtnahme auf Ihre Gastgeber, sondern gibt ihnen auch die Möglichkeit, früher als zur angekündigten Abflugzeit zu starten, falls sie das möchten.

   Als ich Vizepräsidentin bei Colgate-Palmolive wurde, wurde ich hin und wieder eingeladen, im Unternehmensjet mitzufliegen. Bei meinem ersten Flug unterlief mir der Fehler, nur ein paar Minuten vor dem Start zu erscheinen. Der Vorstandschef war sehr verärgert. Aufgrund seiner vielen Sitzungen in der anderen Stadt hatte er geplant, früher loszufliegen. Der Flug startete mit einer Verstimmung, weil ich nicht erkannt hatte, dass das Protokoll für Privatflugzeuge vorsieht, dass man wirklich *zu früh* erscheint. Das liegt daran, weil unternehmenseigene Flugzeuge, anders als kommerzielle Linienmaschinen, oft früher als zur geplanten Abflugzeit starten können.

2. Es ist unhöflich, mehr als zwei oder drei Gepäckstücke an Bord mitzunehmen, und selbst diese sollten nicht zu groß ausfallen, insbesondere dann, wenn das Flugzeug voll besetzt ist. Wenn Sie nicht alle Ihre Habseligkeiten in zwei Koffer quetschen können (ich gebe zu, das gelingt mir nicht immer), schicken Sie die anderen per Fracht, wie ich es tue. Wenn ich in einem Privatjet mitfliegen darf, rufe ich immer die Sekretärin meines Gastgebers an und erkundige mich, ob ich diese zwei Gepäckstücke mitbringen kann.
3. Wenn Sie an Bord gehen, bevor irgendjemand anderer ankommt, setzen Sie sich nicht einfach irgendwohin, da dies der gewohnte Platz Ihres Gastgebers sein könnte. Erkundigen Sie sich immer bei der Crew, wo Sie sich hinsetzen sollen.
4. Auch wenn es sich um ein Privatflugzeug handelt, ziehen Sie sich bitte nicht an, als gingen Sie zu einem Picknick. Sie wollen doch, dass Ihre äußere Erscheinung dem Anlass entspricht. Hosenanzüge (Blazer und passende Hose) sind in Ordnung, aber bitte nicht zu lässig.
5. Verlangen Sie kein spezielles Essen; essen Sie das, was angeboten wird. Schließlich handelt es sich nicht um ein fliegendes Restaurant!
6. Wenn es im Flugzeug keinen Flugbegleiter gibt (das ist in vielen kleinen Jets der Fall), versuchen Sie, sich nützlich zu machen. Bieten Sie sich an, anderen Passagieren etwas zum Trinken zu holen oder Essen herumzureichen – nicht weil Sie eine Frau sind, sondern

weil Sie über gute Manieren verfügen. Warum sollte Ihr Gastgeber sich denn um alles kümmern müssen?

7. Wenn das Flugzeug über ein Telefon verfügt und Sie Ihrer Meinung nach dringend telefonieren müssen, fragen Sie immer erst um Erlaubnis, ehe Sie es benutzen. Telefonate aus der Luft zum Boden sind sehr teuer. Telefonieren Sie keinesfalls zu lange.
8. Erweisen Sie sich als angenehmer Flugpartner. Grüßen Sie alle, und stellen Sie sich den anderen Passagieren vor, wenn sie Sie nicht kennen. Diskutieren Sie nicht über kontroverse Themen und unterlassen Sie nicht salonfähige Bemerkungen.
9. Wenn Sie die Toilette benutzen, nehmen Sie auf die anderen Passagiere Rücksicht. Wischen Sie das Wasser weg, das Sie im Waschbecken verspritzt haben, und lassen Sie keine benutzten Tücher liegen.
10. Wenn Sie zu einem Flug in einem Privatflugzeug eingeladen werden, organisieren Sie sich immer Ihre eigene Weiterbeförderung am Zielort. An Flugplätzen für Privatflugzeuge gibt es nicht viele Taxis, und Ihr Gastgeber hat vielleicht keine Transportmöglichkeit für Sie besorgt, weil er damit rechnet, dass Sie sich selbst darum kümmern. Wenn Sie das versäumen, erscheinen Sie als Schnorrer oder zumindest als jemand, der nicht an den Luxus gewöhnt ist, in einem Privatflugzeug zu fliegen.
11. Nach der Landung sollten Sie Ihr Gepäck selbst identifizieren, vor allem dann, wenn alle zu einem anderen Bestimmungsort weiterfahren. Sonst wird es womöglich an einen falschen Ort geschickt. Stellen Sie immer sicher, dass Ihr Gepäck mit Adressaufklebern versehen ist für den Fall, dass eben dies passieren sollte.
12. Danken Sie beim Verlassen des Flugzeugs immer dem Flugkapitän und der Besatzung, und schicken Sie Ihrem Gastgeber unbedingt einen Brief, in dem Sie ihm Ihre Dankbarkeit ausdrücken.

Gutes Benehmen gilt für beide Seiten

Eine alte Redensart besagt: „Was dem einen recht ist, ist dem anderen billig." Wenn man dies auf gute Manieren überträgt, so haben Sie das Recht, gute Manieren zu erwarten, zu fordern und darauf zu bestehen; Sie müssen nicht die schlechten Manieren von irgendjemandem hinnehmen. Dies schließt mit Sicherheit die Personen ein, mit denen Sie arbeiten.

Wenn ein Kollege Sie anschreit, lassen Sie ihn wissen, dass sein Benehmen inakzeptabel ist. Es ist niemals nötig, zurückzubrüllen. Stattdessen teilen Sie ihm mit, dass Sie das Thema später, zu einer für ihn „besseren" Zeit, besprechen möchten, und dann gehen Sie weg. Na schön, so können Sie mit Ihrer Vorgesetzten nicht verfahren, aber Sie können ihr durch Ihre Körpersprache zu verstehen geben, dass sie sich unverschämt benimmt. Mein Rat lautet in diesem Fall: Schauen Sie ihr direkt in die Augen, während sie mit Ihnen spricht, und lächeln Sie nicht. (Ein Lächeln sendet das falsche Signal aus; Sie sind betroffen, nicht froh.) Was auch immer Sie tun, weinen Sie auf keinen Fall. Tränen sind zu emotional und verwässern, gelinde gesagt, Ihr Führungsimage.

Wenn Ihre Vorgesetzte Sie vor Dritten kritisieren sollte, nehmen Sie es in dem Augenblick klaglos hin. Dann machen Sie einen Termin für ein Gespräch unter vier Augen mit ihr aus und sagen Sie: „Ich würde es schätzen, wenn Sie in Zukunft mit mir unter vier Augen sprechen würden, wenn Sie Kritik an meiner Leistung üben." Hinter diesem Anliegen verbirgt sich ein wichtiger rationaler Grund: So wie Sie immer Ihre Chefin in gutem Licht erscheinen lassen wollen, sollte sie ihrerseits dasselbe für Sie tun wollen, solange Sie Ihr Möglichstes geben.

Besiegen Sie sie auf die nette Art

Wenn es um den Umgang mit unhöflichen Leuten geht, können Sie immer versuchen, sie mit Freundlichkeit außer Gefecht zu setzen. Amerikanische Südstaatler können das anscheinend besser als andere Leute. Selbst wenn ihnen jemand grob kommt, bleiben sie freundlich. Sie fluchen nicht und heben nicht die Stimme und verhalten sich nicht so abscheulich wie die Leute, von denen sie gerade beleidigt wurden. Stattdessen bringen sie höflich, aber bestimmt ihr Argument vor und lassen dann das Thema fallen. Ich habe schon oft erlebt, wie auf diese Weise ein wilder Stier gezähmt wurde! Probieren Sie es einmal aus!

Wenn beispielsweise ein Dienstleistungsunternehmen (sagen wir mal ein gefragtes Restaurant) Sie schlecht behandelt, beschweren Sie sich freundlich, aber bestimmt beim Geschäftsführer. Wenn Ihnen ein Kellner unhöflich kommt, lassen Sie es sich nicht gefallen. Aber verhalten Sie sich wiederum freundlich.

Männer scheinen - anders als Frauen - selten schlechte Bedienung in Restaurants hinzunehmen. Mein Ehemann lud einmal den Vorstandsvorsitzenden eines mehreren Milliarden Dollar schweren Unternehmensgiganten zum Mittagessen ein. Bei der Bestellung fing der Kellner an, sich ihnen gegenüber pampig zu verhalten. Er wich ihrem Blickkontakt aus (ein schlechtes Zeichen) und war anscheinend nicht gewillt, ihre Fragen zur Speisekarte zu beantworten. Ihre Reaktion? Sie verließen einfach das Restaurant und suchten ein anderes auf. (Es gibt immer ein anderes!) Beim Gehen informierten sie den Maître von dem Vorfall, obwohl jeder um sie herum die Botschaft bereits verstanden hatte.

Bedauerlicherweise erfahren Frauen häufig eine derart schäbige Behandlung, und es ist nicht leicht, damit umzugehen. Wenn es die Situation erlaubt, sollte eine Frau geeignete Schritte unternehmen, ohne deshalb Schuldgefühle zu empfinden. Passen Sie aber auf, wie Sie etwas Derartiges handhaben. Machen Sie keine große Szene.

Eine Frau wird viel kritischer beobachtet als ein Mann in vergleichbaren Situationen. Treten Sie bestimmt, aber höflich auf. Schreien Sie niemals und geben Sie nicht zu viele Erklärungen ab. Bringen Sie Ihren Punkt vor, und dann Schluss damit. Die anderen verstehen die Botschaft schnell genug.

Die wirksamste Art, eine Lektion in Sachen Manieren zu erteilen, besteht darin, keine Geschäfte mehr mit jenen Leuten zu tätigen. Sogar schicke Edelboutiquen haben auf schmerzvolle Weise gelernt, dass der Umsatz zurückgeht, wenn sie Kunden schlecht behandeln.

Zusammenfassung

Eine erfolgreiche Führungskraft verfügt über viele Fähigkeiten. Eine der wichtigsten besteht in der Kenntnis guter Umgangsformen. Ein Vorstandschef, mit dem ich gut bekannt bin, führt seinen großen beruflichen Erfolg auf seine Mutter zurück. Er sagt: „Sie brachte mir in meiner frühen Kindheit Manieren bei und paukte mir ein, andere respektvoll zu behandeln. Meine sozialen Fähigkeiten haben mir in meiner Laufbahn in ebenso hohem Maße weitergeholfen wie mein berufliches Können."

Rücksichtnahme auf andere ist für Ihr Image genauso wichtig wie Ihre Fachkenntnisse. Freundlichkeit bringt normalerweise Freundlichkeit hervor, so wie die Zurschaustellung schlechter Manieren auf lange Sicht Ihnen nur beruflich und privat schaden wird. Rücksichtnahme im Umgang mit anderen heißt nicht, dass Sie ein Waschlappen sein sollen und jedem nachgeben müssen, ob Sie nun wollen oder nicht. Es bedeutet vielmehr, die goldene Regel zu beherzigen:

Behandle andere, wie du von ihnen behandelt werden möchtest.

6. Bereiten Sie ruhig und gelassen Ihre Rede vor

„Ich habe viele Leute erlebt, die gescheiter sind als ich, und viele, die mehr von Autos verstehen. Und doch habe ich sie weit hinter mir gelassen. Warum? Weil ich zäh und aggressiv bin? Nein, man muss wissen, wie man mit den Leuten redet, ganz einfach."

Diese Worte stammen von Lee Iacocca, einem der bekanntesten Topmanager in der amerikanischen Konzernwelt und wahrscheinlich der Einzige, der einem in den Sinn kommt, wenn man über die Autoindustrie spricht.

Warum ist Iacocca allen ein Begriff? Durch sein filmstarähnliches Aussehen? Seine Brillanz? Seine überragende Intelligenz? Tatsächlich kennen Sie ihn aus einem sehr bedeutsamen Grund - *er redet.* Dank seiner ungekünstelten Reden wurde ihm zugeschrieben, Chrysler im Alleingang vor dem Untergang bewahrt zu haben, als das Unternehmen in den achtziger Jahren in ernsthafte finanzielle Schwierigkeiten geraten war.

Lernen Sie, wie Lee Iacocca in der Öffentlichkeit zu kommunizieren, wenn Sie supererfolgreich sein wollen. Meine ich das im Ernst? Absolut! Im Beruf werden Sie besser ernst genommen. Privat bekommen Sie für eine Begabung Bewunderung, für die andere über Leichen gehen würden. Weil es sich dabei nicht um eine Fähigkeit handelt, an deren Verbesserung der Durchschnittsmensch arbeitet, sind gute Redner dünn gesät. Dies bedeutet nicht nur weniger Konkurrenz, sondern bietet Ihnen sogar eine noch größere Chance, erfolgreich zu sein.

Die Fähigkeit, sich vor anderen auszudrücken, weist Sie automatisch als Führungspersönlichkeit aus. Sie verkündet: „Hallo, Welt, was ich zu sagen habe, ist des Zuhörens wert." Das Sprechen in der Öffentlichkeit stellt eine so mächtige Waffe dar, dass man Frauen deswegen früher aus der Stadt jagte oder sogar ins Gefängnis sperrte! Gott sei Dank ist dies heute nicht mehr der Fall, aber manche Frauen verhalten sich so, als läge dies noch immer im Bereich der Möglichkeiten, und scheuen vor der öffentlichen Rede völlig zurück. Das ist verhängnisvoll. Die Fähigkeit, klar zu kommunizieren, macht im heutigen, von Konkurrenz geprägten beruflichen Klima oft den Unterschied zwischen Erfolg und Misserfolg aus.

Ihre Fahrkarte an die Spitze

Wenn die Fähigkeit, öffentlich zu reden, ein Milliarden teures Unternehmen der Autoindustrie retten und Lee Iacocca überall bekannt machen konnte, stellen Sie sich vor, was diese Fähigkeit dann für *Ihre* Karriere tun kann. Für angehende Führungskräfte kann sich die Fähigkeit der öffentlichen Rede als Fahrkarte an die Spitze erweisen. Wenn Sie diese Ebene erreichen wollen, müssen Sie andere Menschen überzeugen und inspirieren können. Es gibt keinen besseren Weg, andere zu motivieren, als durch wirkliche Redegewandtheit.

Nebenbei bemerkt, wie viele Aktivitäten sind Ihnen bekannt, die Sie ins Rampenlicht stellen, aus Ihnen eine Autorität machen, Ihnen Profil verleihen, zu einer Beförderung verhelfen und neue Freunde gewinnen oder Sie zur „Königin des Tages" krönen können? Wenn die Zeit kommt und Sie gebeten werden, eine Rede zu halten, geraten Sie bitte nicht in Panik. Auch Sie können durch richtige Vorbereitung, Recherche und Proben eine tolle Rednerin werden. Das klingt vielleicht allzu einfach, aber glauben Sie mir, es hat bei mir und zahllosen anderen funktioniert. Und es funktioniert garantiert auch bei Ihnen.

Vorbereitung: Vor wem

Das Vorbereiten einer Rede ist nicht eben aufregend, aber es zahlt sich aus. Beginnen Sie, indem Sie den Programmkoordinator - oder wer immer Sie um die Rede gebeten hat - ausfragen. Finden Sie jede zweckdienliche Information über Ihre Zuhörer, die Sie nur bekommen können, heraus. Was ist ihnen wichtig? Warum sind sie anwesend? Was können Sie ihnen erzählen, was sie noch nicht wissen?

Sind Ihre Zuhörer allesamt männlich, allesamt weiblich, oder werden Sie vor gemischtem Publikum sprechen? Wie viele Personen werden voraussichtlich teilnehmen? Welche Berufe haben sie, welchen Wissensstand? Wurde diese spezifische Gruppe je von jemandem angesprochen, der über Ihre besondere Sachkenntnis verfügt, oder wird ihnen das, was Sie zu sagen haben, neu sein? Handelt es sich um eine „Zwangszuhörerschaft", bestehend aus Leuten, die anwesend sein müssen, ob sie nun wollen oder nicht? (Wenn ja, müssen Sie sich besonders anstrengen, um ihr Interesse zu erhalten.)

Selbst wenn Sie die meisten Ihrer Zuhörer kennen (vielleicht arbeiten sie für dasselbe Unternehmen wie Sie), müssen Sie sich auf den neuesten Stand bringen. Wenn Sie etwa in der Werbeabteilung arbeiten und vor der Verkaufsgruppe sprechen werden, finden Sie heraus, was dort passiert. Schlagen die Verkaufszahlen alle Rekorde, oder hinken sie hinterher? Führt die Abteilung ein neues Produkt oder eine neue Dienstleistung ein? Welche Ziele peilt sie für das nächste Quartal an? Und so weiter. Sie kommen viel besser an, wenn Sie offensichtlich über das, was in *ihrer* Welt passiert, gut unterrichtet sind. Wenn Sie keinerlei Versuch unternehmen, sich auf ihre Probleme und/oder Leistungen zu beziehen, hält selbst die Firmentreue das Interesse an Ihren wertvollen Worten nicht aufrecht.

Vorbereitung: Wann

Als Nächstes finden Sie heraus, wann genau Sie sprechen werden. Vor dem Mittagessen oder nachher? Wenn ja, um welche Uhrzeit? Wenn Sie nach der Mittagspause drankommen, denken Sie daran, dass die meisten Leute bis zwei Uhr wieder im Büro sein wollen. Wenn Ihre Rede zu spät beginnt, werden die Leute anfangen, auf die Uhr zu schauen, und versuchen, sich unbemerkt aus dem Raum zu schleichen. All Ihre Schufterei wird vergebens sein. Bestehen Sie darauf, dass Ihre Rede so terminiert ist, dass Sie genug Zeit haben, Ihre Rede nicht nur zu halten, sondern auch noch Fragen und Antworten zuzulassen.

Reden in den Abendstunden sind ein ganz anderes Wagnis. Wenn man Sie um eine Rede nach einem langen, ausgiebigen Abendessen bittet, müssen Sie sich bewusst sein, dass die Zuhörer schläfrig werden und nach Hause wollen. Und wenn es vorher einen Cocktailempfang gibt und obendrein Alkohol zum Essen, müssen Sie besonders aufpassen. Ihre Zuhörerschaft macht vielleicht weit Schlimmeres, als wegzudösen. Wenn Sie Ihre Rede zu keiner anderen Zeit halten können, bleiben Ihnen zwei Möglichkeiten: Entweder Sie halten eine kurze – *sehr* kurze – Rede oder Sie sagen ab.

Wenn Sie sich über Ihre Zuhörerschaft und den Zeitpunkt Ihrer Rede kundig gemacht haben, müssen Sie entscheiden, wie lange Sie sprechen wollen (sofern Sie dies selbst entscheiden können) und welcher Vortragsstil sich für diese spezielle Gruppe eignet. Wird dieses Publikum besser auf Statistiken, Diagramme und Forschungsanalysen ansprechen? Oder eignet sich für diese Gruppe eher eine emotionalere Vorgehensweise mit persönlichen Anekdoten, Humor und persönlicher Meinung?

Vorbereitung: Wo

Holen Sie Informationen über den Ort ein, an dem Sie Ihre Rede halten. Ist es ein großer Raum? Gibt es ein Podium? Ein Rednerpult? Werden die Zuhörer an Tischen oder wie im Theater sitzen?

Kommen Sie am Tag, an dem Sie Ihre Rede halten, so früh wie möglich, um sich psychisch auf den Raum einzustellen. Gehen Sie niemals, unter keinen Umständen erst wenige Minuten, bevor Sie sprechen müssen, in einen Ihnen unbekannten Raum. Sie brauchen Zeit, um die Ausstattung (Mikrofon, Dias etc.) zu überprüfen sowie die äußerst wichtige Beleuchtung, die ein eigenes Thema darstellt. Denken Sie auch daran: Wenn es im Raum zu düster ist, bieten Sie Ihren Zuhörern eine ausgezeichnete Gelegenheit für ein kleines Nickerchen, und Sie können obendrein Ihre Notizen nicht entziffern.

Nehmen Sie nie jemanden beim Wort, dass Sie sich keine Sorgen zu machen bräuchten, dass alles wie geschmiert laufen werde und Sie sich nicht die Mühe machen müssten, alles vorher zu überprüfen. Ich habe das schon gehört, nur um dann mit einem nicht funktionierenden Mikrofon, einem blockierten Diaprojektor und einer Beleuchtung konfrontiert zu sein, die den Raum in eine tiefe, dunkle Höhle verwandelte.

Recherche und Verfassen der Rede

Wie mein Freund Michael Klepper in seinem Buch „I'd Rather Die Than Give A Speech“ schreibt: „Eine Rede ist mehr als nur Ideen. Sie ist Klang! Sie ist Musik! Rhythmus! Dichtkunst! Sie ist Darstellung.“

Aber diese ganze Dichtkunst fällt einem nicht in den Schoß, und sie wird überhaupt nicht zur Wirkung kommen, wenn sie nicht von Recherche und soliden Ideen untermauert ist. Wie gehen Sie an die Recherche für eine Rede heran? Sie brauchen lediglich ein Blatt Papier zu nehmen und Ihr Thema oben auf die Seite zu schreiben. Dann schreiben Sie jede zum Thema passende Idee auf, die Ihnen einfällt. Seien Sie dabei nicht zu umständlich; Sie brauchen Ihre Einfälle in keiner besonderen Reihenfolge zu notieren, und glauben Sie nicht, Sie müssten in diesem Stadium schon einen vollständigen Gedankengang zu Papier bringen.

Wenn Sie das getan haben, müssen Sie etwas Fleisch zu den Knochen geben und so viel Hintergrundmaterial wie möglich sammeln. Kaufen Sie sich, falls nötig, Bücher; gehen Sie in die Bibliothek, suchen Sie im Internet oder unterhalten Sie sich mit Personen mit diesbezüglichen Fachkenntnissen. Wann immer Sie eine glaubwürdige Quelle zitieren können - eine Person, ein Buch, eine Zeitung oder Zeitschrift etc. -, verleihen Sie Ihrer Rede Autorität. („Dem gepriesenen Hollywood-Regisseur Steven Spielberg zufolge ...“ oder „Wie kürzlich das *Wall Street Journal* berichtete ...“)

Wenn Sie all Ihr Material zusammengetragen haben, empfehlen Fachleute, dass Sie Ihre Rede mit dem Erstellen einer Gliederung beginnen. Auf diese Weise wissen Sie genau, welche Punkte Sie ansprechen wollen. Bevor Sie das Ganze ausformulieren, denken Sie daran, dass Sie einen deutlich erkennbaren Anfang, einen Mittelteil und einen Schluss brauchen. Diese drei Bestandteile sind Voraussetzung für einen klaren und verständlichen Aufbau. Der Anfangsteil sollte die Aufmerksamkeit der Zuhörer fesseln, der Mittelteil sollte die Botschaft darlegen, und der Schlussteil sie zusammenfassen. Vergessen Sie nicht: Eine Rede zu schreiben ist zwar kein Kinderspiel, aber auch nicht so kompliziert wie Raumfahrtforschung.

Egal, über welches Thema Sie reden, sprechen Sie in kurzen Sätzen! Und in noch kürzeren! Verwenden Sie aussagekräftige, handlungsbetonte Verben („der Verkauf brach alle Rekorde“) statt blasser, nichtssagender Formulierungen („der Verkauf ist gestiegen“)! Gebrauchen Sie möglichst viele bildhafte Worte (Metaphern)! Anders ausgedrückt: Beschreiben Sie die Dinge so, dass die Leute „sehen“ können, was Sie sagen! Anstatt ihnen zu erzählen, dass Sie wegen eines Schneesturms zu spät zur Sitzung kommen, sagen Sie: „Ich bin soeben einem Blizzard entkommen, der buchstäblich jeden Zentimeter der Stadt bedeckte, und zwar bis knapp unter die Baumkronen." Abgesehen davon, dass Sie damit ein Bild zeichnen, wirkt dieser Satz aufgrund der Alliteration, also Wiederholung, der Laute „b" und „k" so nachhaltig. Dadurch springen Ihre Worte die Zuhörer geradezu an.

Stilvoll schreiben

Ehe Sie loslegen, erinnern Sie sich daran, dass Ihre allerdringlichste Aufgabe darin liegt, Ihren Zuhörern das Verstehen Ihres Vortrags vom ersten bis zum letzten Wort leicht zu machen. Dies können Sie beispielsweise dadurch erreichen, indem Sie Ihre Sprache einfach gestalten. Kein Gedanke ist derart kompliziert, dass Sie ihn nicht einfach ausdrücken könnten, selbst wenn Sie über ein technisches Thema sprechen.

Denken Sie daran, Sie selbst zu bleiben. Lassen Sie ruhig Ihre Persönlichkeit durch Ihre Worte schimmern. Es ist überdies wichtig, so zu sprechen, wie Sie sonst auch reden. Wenn Sie Wörter verwenden, die nicht zu Ihrem normalen Sprachgebrauch gehören, wirken Sie unecht. Um eine gute Rede zu halten, müssen Sie weder formell klingen noch anders als sonst.

Gestalten Sie Ihre Bemerkungen zudem freundlich und herzlich. Sie können sich zum Beispiel vorstellen, dass Sie sich mit einem guten Bekannten unterhalten. Jeder US-Präsident hat sich dieser Technik bedient. Roosevelt hatte seine „Kamingespräche", George Bush bekannte vor der Kamera seine Abneigung gegen Brokkoli, und Bill Clinton „kann entweder Ihren Schmerz nachempfinden" oder erzählt Ihnen von einem persönlichen Brief, den er von einem Jugendlichen erhalten hat. Mit anderen Worten: Sie sind eine bessere Rednerin, wenn Sie wie ein menschliches Wesen sprechen und nicht wie ein programmierter Roboter.

Zu guter Letzt: Verwenden Sie so viele passende Zitate wie möglich! Dadurch wird Ihre Rede interessanter. Wenn ich beispielsweise einen Vortrag über Selbstvertrauen halte, zitiere ich oft den Dichter William Butler Yeats („Ich habe meine Träume unter deinen Füßen ausgebreitet/Geh leise, denn du gehst auf meinen Träumen"). Ihre Zitate müssen allerdings nicht immer ernster Natur sein. Sie können sich auch auf einen Pop-Song, eine Zeitungsschlagzeile oder etwas, das Sie im Fernsehen gehört haben, beziehen, um einen Punkt zu veranschaulichen.

Packen Sie Ihr Publikum

Zu Beginn Ihrer Rede brauchen Sie einen Aufhänger, etwas, mit dem Sie die Zuhörer sofort für sich gewinnen. Das ist zwingend nötig. Wenn Sie nicht in den ersten ein, zwei Minuten die Aufmerksamkeit Ihrer Zuhörer fesseln, wird Ihnen Ihr Publikum kaum folgen. Sie wollen, dass Ihre Zuhörer nicht nur Ihre Rede hören, sondern sie auch *spüren.*

Viele ausgezeichnete Redner, wie John F. Kennedy, packten ihre Zuhörer, indem sie einen persönlichen Aufhänger fanden, mit dem sie eine Verbindung zum Publikum herstellten. In seiner berühmten Rede in Berlin schloss Kennedy, indem er Deutsch sprach – „Ich bin ein Berliner" –, worüber die Zuhörer ganz aus dem Häuschen gerieten. Andere Redner fesseln ihre Zuhörer, indem sie sich auf eine zum Thema passende Lokalnachricht konzentrieren oder eine Bemerkung über die bestimmte Gruppe, an die sie sich wenden, machen.

Manche Leute beginnen gern mit einem Scherz. Großartig, wenn Sie damit Ihre Zuhörer aufheitern und sie zum Schmunzeln oder Lachen bringen können. Aber Humor birgt Tücken in sich, vor allem dann, wenn Ihnen witzige Bemerkungen nicht gerade in den Schoß fallen. Ich habe etliche Redner gehört, die eine lustige Geschichte erzählen wollten – und damit auf die Nase fielen, weil sie nur etwas höfliches Gekicher ernteten oder - schlimmer noch - eisiges Schweigen. Wenn Sie sich nicht sicher sind, dass Sie eine begnadete Witzeerzählerin sind (und eine Rede eignet sich nicht zum Üben), gehen Sie auf Nummer Sicher. Sparen Sie sich Ihren Witz und Humor für Begegnungen im kleinen Kreis oder Partys auf.

Über sieben Brücken ...

Wenn Sie erst einmal die Aufmerksamkeit Ihrer Zuhörer auf sich gezogen haben, müssen Sie sie wissen lassen, worauf Sie hinauswollen, damit sie Ihnen folgen können. Einer der besten Wege, Ihr Publikum durch Ihre Rede zu führen, besteht im Einsatz der alten Armeetechnik: die drei **E. E**rzählen Sie den Zuhörern, was Sie ihnen erzählen werden, **e**rzählen Sie es ihnen und **e**rzählen Sie es ein weiteres Mal, indem Sie das eben Gesagte rekapitulieren. Manche Leute halten diese Technik für einen alten Hut und unnötig. Quatsch! Sie ist vielfach erprobt und vergleichbar mit einer Landkarte, mit deren Hilfe Ihre Zuhörer Ihnen leicht folgen können.

Vergewissern Sie sich schließlich, dass Ihre Übergänge fließend sind. Bauen Sie Ihren Zuhörern eine Brücke, während Sie von einem Gedanken zum anderen gehen. Dies kann so einfach sein wie: „Das erinnert mich an ..." Oder Sie können auch Aufzählungen einsetzen, etwa: „Ich würde Ihnen gern drei Hauptpunkte vermitteln. Punkt eins handelt ... Punkt zwei befasst sich mit ... Und Punkt drei beschäftigt sich mit ..." Wenn Sie Ihre Zuhörer nicht darauf aufmerksam machen, dass Sie zu einem anderen Punkt kommen, verwirren Sie sie womöglich.

Üben, üben, üben

Fachleuten zufolge sollten Sie die Hälfte Ihrer Vorbereitungszeit auf das Proben Ihres Vortrags verwenden. Nachdem Sie Ihre Bemerkungen zu Papier gebracht haben, setzen Sie sich auf einen bequemen Stuhl, schalten Sie den Kassettenrekorder ein und lesen Sie sich Ihre Rede laut selber vor. Dabei werden Sie vielleicht entdecken, dass Sie Wörter verwendet haben, die für Sie schwierig auszusprechen sind. Ersetzen Sie sie möglichst durch andere Vokabeln. Falls das nicht geht, schreiben Sie sie so auf, wie man sie ausspricht. Jetzt bietet sich Ihnen auch die Gelegenheit, zu entscheiden, ob Ihr Material für das Auge oder das Ohr gedacht ist. Manche Formulierungen verwendet man besser schriftlich, andere hingegen mündlich. Sie werden zudem merken, wenn sich einiges wiederholt. Streichen Sie gnadenlos alle irrelevanten Wendungen und Gedanken.

Jetzt ist auch der Zeitpunkt gekommen, die Dauer Ihrer Rede mit der Uhr zu stoppen und nötige Streichungen oder Ergänzungen vorzunehmen. In diesem Stadium sollten Sie zudem entscheiden, welche Wörter und Wendungen Sie betonen möchten. Lesen Sie Ihre Rede noch einmal durch, nachdem Sie all dies verändert haben, um sicherzugehen, dass Sie alle Ihre Hauptpunkte abgedeckt haben. Durch dieses nochmalige Lesen sollen Sie lediglich mit Ihrem Material völlig vertraut werden. „Schauspielern" Sie zu diesem Zeitpunkt Ihre Rede nicht und kümmern Sie sich nicht um Gestik, Körpersprache und wirkungsvolle Aussprache. Es ist ganz in Ordnung, wenn Sie Ihre Rede monoton ablesen und sich Ihre dramatischen Effekte für später aufsparen.

Das Ganze noch einmal aus der Distanz

Als Nächstes brauchen Sie eine Probesitzung mit allen Schikanen. Entweder proben Sie die Rede vor einem Freund oder nehmen Sie noch einmal auf Kassette auf, um zu sehen, wie sie klingt. Ich persönlich probe am liebsten vor mindestens einer anderen Person, damit ich von ihr Rückmeldung bekomme. Ihr Probepublikum kann

Ihnen sagen, ob ein Satz zu lang oder zu geschraubt ist oder ob das, was Sie sagen, nicht klar rüberkommt. Ihre Zuhörer können Ihnen Rückmeldung geben, welche Teile der Rede sie besonders ansprechen. Auf diese wichtige Information können Sie aufbauen. Wenn Ihre Zuhörer zum Beispiel auf eine bestimmte Metapher positiv reagieren, können Sie vielleicht dieses Bild noch erweitern.

Ich halte normalerweise eine Rede mindestens zehn Mal probeweise laut. Manchmal muß ich mich richtiggehend dazu zwingen. Es ist langweilig, braucht viel Zeit und man läßt sich leicht ablenken, aber es zahlt sich immer aus. Der Vortrag verankert sich in meinem Gehirn, und ich kann so besser die nötige Emphase und die Gesten anfügen, die eine Rede glaubwürdig und interessant machen.

Eine Rede besteht aus mehr als bloßen Worten

Nach Expertenmeinung hängt der Eindruck, den Sie auf das Publikum machen, von mehr als nur der eigentlichen Rede ab. Er wird bestimmt durch Ihre *verbalen* Fähigkeiten (was Sie sagen), Ihre *stimmlichen* Fähigkeiten (wie Sie es sagen) und Ihre *visuellen* Fähigkeiten (wie Sie während der Rede aussehen). Überraschenderweise sind dieselben Experten auch der Ansicht, dass, was Sie sagen und wie Sie es sagen, nur 45 Prozent zu Ihrer Wirkung beitragen. Sie können mir glauben oder nicht, aber Studien belegen, dass der Eindruck, den Sie beim Publikum machen, am stärksten vom Visuellen – also Ihrem Aussehen: das umfasst Ihre Kleidung und Ihre Körpersprache – geprägt wird. Es macht 55 Prozent des Eindrucks aus. Das heißt nun nicht, dass Sie eine verheerende Rede halten können und damit durchkommen, weil Sie hervorragend aussehen. Doch weisen diese Studien darauf hin, dass es beim Redenhalten auf weit mehr ankommt, als bloß den Mund aufzumachen.

Körpersprache – immer im Einsatz

Die nonverbale Kommunikation stellt einen wichtigen Bestandteil Ihrer visuellen Wirkung beim Sprechen dar. Körpersprache ist ein natürlicher Reflex, wie etwa das Blinzeln, wenn Sie in die Sonne schauen, oder das Nicken, wenn Sie jemandem zustimmen. Wir alle setzen Körpersprache ein, selbst wenn wir uns dessen gar nicht bewusst sind. Je angemessener Ihre Körpersprache, desto mehr verstärkt sie Ihre Botschaft. Wenn Ihre Körpersprache allerdings im Widerspruch zum Gesagten steht, kann Ihre Rede umgekehrt im Bruchteil einer Sekunde den Bach hinuntergehen. Wenn Sie steif und mit einem eingefrorenen Lächeln im Gesicht dastehen und sagen: „Ich freue mich sehr, heute Abend hier sein zu dürfen", vergraulen Sie damit Ihre Zuhörer gleich von Anfang an.

Sie können Ihre Körpersprache in jeder der drei Hauptphasen einer Rede wirksam einsetzen – bevor Sie sprechen, währenddessen und nachher.

Phase eins.
Die erste Phase beginnt, wenn Sie im Rampenlicht stehen und sich anschicken, Ihr erstes Wort zu äußern. In diesen wenigen Sekunden, in denen im Raum vollkommene Stille herrscht, beginnen die Leute, Sie und Ihr Redegeschick zu beurteilen. Jetzt ist der Zeitpunkt gekommen, sie mit der richtigen Körpersprache gefangen zu nehmen. Und zwar durch Ihr persönliches BLP:

Nehmen Sie *Blickkontakt* auf, indem Sie den Blick von links nach rechts schweifen lassen.
Lächeln Sie.
Legen Sie eine *Pause* ein.

Durch diese drei Maßnahmen gewinnen Sie die Aufmerksamkeit Ihrer Zuhörer und bereiten sie darauf vor, Ihre Botschaft zu hören.

Phase zwei.
Die zweite Phase, in der Sie Ihre Körpersprache wirkungsvoll einsetzen können, beginnt, wenn Sie tatsächlich sprechen. Damit Sie auf die Zuhörer wirken, sollten Ihr Körper und Ihre Worte dieselben Dinge zur selben Zeit ausdrücken.

Um Ihre verbale Botschaft zu verstärken, beugen Sie sich leicht nach vorn. Dies sagt Ihren Zuhörern, dass Sie auf sie zugehen - dass Sie Kontakt mit ihnen herstellen wollen. Umgekehrt dürfen Sie sich nie vom Rednerpult nach hinten lehnen. Sonst gewinnen die Zuhörer den Eindruck, Sie würden sich von ihnen abwenden.

Vergewissern Sie sich, dass Ihre Körperbewegungen fließend und ganz selbstverständlich sind. Lassen Sie die Hände nicht felsenfest auf dem Rednerpult liegen oder unbeweglich seitlich am Körper kleben. Das wirkt steif und langweilig.

Unterstreichen Sie mit Handbewegungen Ihre Botschaft - aber nur mit Gesten, die für Sie etwas Selbstverständliches sind. Sie möchten, dass Ihre Gesten zur Stimmung Ihrer Rede passen. Fummeln Sie nicht mit den Fingern herum, und passen Sie gut auf, wenn Sie eine Brille tragen. Es lenkt nur ab, wenn Sie damit gestikulieren. Die Zuhörer werden den Bewegungen der Brille folgen statt Ihren Worten. Hüten Sie sich vor solchen gefährlichen Ablenkungen.

Die Augen verraten es

Halten Sie während Ihrer ganzen Rede Blickkontakt. Stellen Sie sicher, dass Sie alle Zuhörer anschauen. Schauen Sie während Ihrer Rede nach links, dann zur Mitte und nach rechts. Vermitteln Sie keinem das Gefühl, Sie hätten ihn ausgelassen. Suchen Sie sich ein freundliches Gesicht und sprechen Sie für ein paar Sekunden diese Person direkt an. Das stärkt Ihr Selbstvertrauen, was sich wiederum in Ihrem Gesichtsausdruck zeigt. Wenn Sie ein paar unbeteiligte Mienen bemerken, passen Sie auf. Sie verlieren möglicherweise gerade aus dem einen oder anderen Grund Ihr Publikum. In einem solchen Fall beschleunigen Sie Ihr Tempo und überspringen Sie die Teile Ihrer Rede, die das Publikum Ihrer Meinung nach langweilen könnte.

Phase drei.
Die dritte Phase, in der Sie bewusst Körpersprache einsetzen sollten, beginnt, sowie Sie mit Ihrer Rede zum Schluss gekommen sind. Dieser Moment, in dem Sie noch immer am Rednerpult stehen, kann sich als sehr wertvoll erweisen. Anstatt wegzusausen, bleiben Sie stehen und wiederholen Sie Ihr BLP aus Phase eins:

> *Blickkontakt!* Schauen Sie einige Sekunden lang Ihre Zuhörer direkt an.
> *Lächeln* Sie als Dank für den Applaus.
> Machen Sie eine *Pause*, nicken Sie und sagen Sie: „Vielen Dank."

So gewinnt Ihr Publikum am Ende Ihres Vortrags Zeit, Ihre Botschaft aufzunehmen. Nun gehen Sie ruhig und bedächtig an Ihren Platz zurück. Nicht zu schnell, nicht zu langsam, aber mit erhobenem Kopf, voller Selbstvertrauen. Über Körpersprache ließe sich endlos schreiben, aber diese besonders wichtigen Punkte sollten Sie sich ins Gedächtnis rufen, wenn Sie eine Rede halten.

Die Bühne vorbereiten

Selbst erfahrene Redner denken einige Zeit darüber nach, wie sie von einem Moderator am besten vorgestellt werden sollten, ehe sie ans Rednerpult treten. Glauben Sie mir, eine konkrete Vorstellung davon schafft zu einem großen Teil das Fundament Ihres Vortrags. Die Zuhörer müssen wissen, wer Sie sind und warum Sie qualifiziert sind, über das Thema zu sprechen. Das Aufpassen fällt ihnen schwer, wenn sie nichts über Ihre Referenzen wissen oder woher Sie kommen.

Als ich zur ersten Vizepräsidentin in der Geschichte des riesigen Colgate-Palmolive-Konzerns ernannt wurde, wollten viele Unternehmen mich als Rednerin gewinnen. Ich sagte einmal zu, eine Rede bei einem sehr prestigeträchtigen Treffen von hochrangigen Verkaufsmanagern aus dem ganzen Land zu halten. Diese Gruppe forderte meinen Lebenslauf an und versicherte meinem Büro, man werde mich angemessen vorstellen. Der mich vorstellende Moderator kannte nicht nur meinen Hintergrund, sondern wir hatten früher überdies schon zusammen gearbeitet.

Raten Sie mal, was er sagte? „Und jetzt möchte ich Ihnen Tina Santi Flaherty vorstellen, die für Colgate-Palmolive arbeitet. Tina hat uns ein paar wichtige Dinge zu sagen.“ Ich war zutiefst enttäuscht. Er hatte nicht nur versäumt, meine genaue Tätigkeit bei Colgate-Palmolive anzugeben, sondern auch völlig vergessen, das Projekt, an dem wir gemeinsam gearbeitet hatten, zu erwähnen, ganz zu schweigen von meiner kürzlich erfolgten Beförderung, die landesweit für Schlagzeilen gesorgt hatte.

Durch das Weglassen dieser wichtigen Informationen verlieh er meiner Rede keine vernünftige Basis, wodurch möglicherweise ihre Glaubwürdigkeit verringert wurde. Warum sollte nach einer solch laschen Einführung das Publikum mir auch besondere Beachtung schenken? Wie sollten die Zuhörer wissen, dass ich ihnen Wichtiges mitzuteilen hatte? Obwohl es kein völliges Desaster wurde, weil ich mir selber Glaubwürdigkeit verschaffte, als ich zu sprechen begann, entging uns die Gelegenheit, den Leuten Appetit zu machen.

Seither schicke ich immer einen Einführungsvorschlag (ob nun angefordert oder nicht), wenn ich die Einladung zu einer Rede erhalte, und bringe zusätzliche Kopien zur Veranstaltung mit für den Fall, dass er verlegt wurde. In neun von zehn Fällen liest der Moderator meinen vorformilierten Text Wort für Wort ab, so wie ich ihn vorgelegt habe.

Wie sollte man Sie vorstellen?

Sie können Ihre Vorstellung auf verschiedene Weisen handhaben. Vorzugsweise sollte eine andere Person Sie vorstellen – hoffentlich in leuchtenden und preisenden Worten, mit denen ein Loblied auf Sie angestimmt wird. Wenn Sie sichergehen wollen, dass Ihre Vorstellung auf eine Weise erfolgt, die Sie für angemessen halten, schreiben Sie sie selbst. Dabei handelt es sich um eine durchaus legitime Vorgehensweise. Sie müssen lediglich demjenigen, der Sie vorstellen wird, vorher sagen: „Jemand hat eine Vorstellung für mich geschrieben, die Sie vielleicht verwenden möchten." (Dieser Jemand sind natürlich *Sie*, und selbstverständlich lassen Sie sich alle möglichen wunderbaren Dinge, die man über Sie sagen kann, einfallen.) Nennen Sie das Ganze einfach „Vorstellungsvorschlag für (Ihr Name)."

Wenn es nicht möglich ist, dass jemand anderer Sie vorstellt, dann machen Sie es selber. Nennen Sie Ihren Namen, Ihren Titel und geben Sie ein wenig Hintergrundinformationen als detaillierte Referenz. Ihre Vorstellung sollte auch unbedingt einige persönliche Details über Sie enthalten, etwa Ihren Geburtsort. Schließlich sollen doch die Leute wissen, dass Sie ein herzlicher, vielseitig interessierter, bewundernswerter Mensch sind, dem sie einfach zuhören müssen. Es folgt ein Beispiel für eine Vorstellung, mit der ich eingeführt wurde, als ich kürzlich vor einer großen Gruppe von Verwaltungsmitarbeitern einer Universität sprach. Der Programmkoordinator sagte:

> *Was wir tun sollten – oder nicht tun sollten –, um unser Image zu verbessern, sagt uns jetzt eine der herausragendsten Kommunikationsexpertinnen Amerikas – Tina Santi Flaherty.*
> *Als derzeitige Präsidentin ihres eigenen Marketing- und Kommunikationsunternehmens, der* Image Marketing International*, kann sich Tina Santi Flaherty einer beruflichen Laufbahn rühmen, die die Vizepräsident-*

schaft in drei der größten amerikanischen Konzerne umfasst – Grey Advertising, Colgate-Palmolive und GTE. Sie war in allen drei Konzernen die erste und einzige Frau in dieser Position.
Tina Santi Flaherty, die von Business Week *als eine von Amerikas führenden Frauen in der Welt der Konzerne bezeichnet wird, ist schon seit langem als eine der innovativsten Werbeexperten Amerikas anerkannt. Sie hat zahllose Kampagnen für bedeutende Konzerne ins Leben gerufen, die durch ihre Einfallskraft und Verkaufswirkung legendär sind.*
Zusätzlich zu ihren Bestrebungen als Leiterin ihres eigenen Unternehmens ist Mrs. Flaherty zudem bekannt für ihre einzigartigen Fähigkeiten als ehrenamtliche Fundraiserin für ein Dutzend oder mehr Bildungsorganisationen, die sie mit ihrem Verstand unterstützt – und mit ihrem Herzen. Sie ist gekommen, um uns zu sagen, wie wir unsere persönlichen Kommunikationsfähigkeiten einsetzen können, um das Image unserer Universität zu verbessern.
Es bereitet mir außerordentliche Freude, Sie bekannt machen zu dürfen – mit Tina Santi Flaherty!

Diese Vorstellung verfehlte ihre Wirkung nicht, weil sie die Zuhörer über Folgendes informierte:

- meinen beruflichen Hintergrund und meine gegenwärtige Position (verhilft der Rede zu einem guten Start);
- meine Anerkennung in der Industrie und den Medien (erzeugt Glaubwürdigkeit);
- meine Qualifikationen insgesamt in Bezug auf das betreffende Thema (wichtig, um die Aufmerksamkeit der Zuhörer zu erhalten);
- meine philanthropischen Aktivitäten (herzlich und vielseitig interessiert).

Nach dem Ende der Veranstaltung

So wie der Veranstaltungskoordinator Ihnen eine ordentliche Vorstellung schuldet, haben Sie auch ein Recht auf eine ebenso gelungene Verabschiedung. Ich hörte einmal einer ungemein fesselnden Rede zu und war ganz verdutzt, als ich nach dem Ende der Rede den Vorsitzenden sagen hörte: „Vielen Dank, Mr. Smith. Und jetzt machen wir Mittagspause." Punkt, aus. Mr. Smith lächelte schwach und schoss von der Rednertribüne herunter.

Nach all Ihrer harten Arbeit ist ein solcher regelrechter Rausschmiss ein doppelter Schlag. Um dies vermeiden zu helfen, fragen Sie die Veranstaltungskoordinatorin, ob Sie ihr ein paar rekapitulierende Worte vorbereiten sollen, die sie im Anschluss an Ihre Rede spricht. Auf diese subtile Weise suggerieren Sie, dass Ihre Anmerkungen mit mehr als nur einem bloßen Dankeschön sowohl im Interesse des Publikums als auch dem Ihren gewürdigt werden sollten. Sagen Sie einfach, ein oder zwei Sätze mit Bezug zu Ihrem Thema hielten Sie für hilfreich, damit das Publikum Ihre Rede versteht. Etwas wie: „Mrs. Miller hat uns heute viel über das Thema XY vermittelt. (Dann könnte der Veranstaltungskoordinator ein oder zwei Beispiele anführen.) Vielen Dank, Mrs. Miller, für Ihren so eindrucksvollen Vortrag."

Mit anderen Worten, alles, was es nach dem Ende Ihrer Rede zu tun gibt, ist, dass der Veranstaltungsleiter Ihr Thema kurz wiederholt und Ihnen angemessen seinen Dank für Ihr Erscheinen ausspricht. Das ist das Mindeste, was Sie nach all Ihrer Schufterei erwarten können!

Entsprechendes Aussehen

Wie sollten Sie sich kleiden? Wenn Sie einen Vortrag halten, ist dies nicht der richtige Zeitpunkt für ausgefallene Kleidung, tiefe Ausschnitte oder Jeans-Arbeitshemden. Sie sollten das anziehen, was Sie auch für ein Vorstellungsgespräch oder für die Besprechung mit einem wichtigen Kunden tragen würden. Ein gut geschnittenes Kostüm in einer zurückhaltenden Farbe oder einem unauffälligen Muster ist für eine Frau immer die beste Wahl, weil es Autorität und ein professionelles Image vermittelt.

Dunkelblaue, graue, braune oder beige Kostüme passen immer. Weil Sie nicht wie „Draculina" persönlich aussehen möchten, sollten Sie möglichst nicht ganz in Schwarz erscheinen. Schwarz macht blass. Eine der besten Rednerinnen, die ich kenne, versucht immer, etwas in einem rötlichen Ton zu tragen. Ihrer Meinung nach weckt dies das Publikum auf. Wenn Sie auf einem Rednerpodest sitzen, fallen Sie mit einem roten Kostüm auf und unterscheiden sich von den anderen Sprechern. Wenn Sie kein rotes Kostüm besitzen, tragen Sie ein Kostüm in einer neutralen Farbe und dazu eine Bluse in einem kräftigen Ton, um dem Ganzen ein bisschen Pep zu verleihen. Tragen Sie kleinen, unauffälligen Schmuck, nichts Herunterbaumelndes oder Klimperndes.

So sollten Sie niemals auftreten:

... in einer Aufmachung, die Sie noch niemals getestet haben. „Probieren" Sie Ihre Kleidung immer zuerst einmal aus, um sicherzugehen, dass sie Ihnen gut passt und schmeichelt. Eine Rede zu halten ist ohnehin schon unangenehm genug.

... in einem engen Rock, der so kurz ist, dass Sie dauernd daran herumzupfen müssen, um ihn hinunterzuziehen, vor allem, wenn Sie auf einem Podium sitzen. Sie sehen dann nicht so aus, als fühlten Sie sich wohl.

... mit einer lockeren, fliegenden Frisur, bei der Sie sich immer die Haare aus Augen und Gesicht streichen müssen. Sie wirken wie ein Teenager, und es lenkt ab.

... mit einer Sonnenbrille auf dem Podium, wenn Sie nicht wie eine alternde Filmdiva aussehen wollen. Wenn es nicht absolut notwendig ist, sollten Sie nicht einmal eine normale Brille tragen. Kontaktlinsen sind viel empfehlenswerter. Eine Brille kann eine Barriere zwischen Ihnen und Ihrem Publikum aufbauen.

... in Schuhen mit Pfennigabsätzen. Sie passen nicht nur nicht zu einer Geschäftsfrau, sondern Sie könnten sich obendrein das Genick brechen, wenn Sie auf das Podium hinauf oder von dort wieder hinabsteigen.

... mit besonders dickem Make-up. Sie schauen sonst wie ein Clown aus, vor allem bei fluoreszierender Beleuchtung.

... mit allem, an dem Sie automatisch herumnesteln würden – Perlen, Knöpfe, Ringe. Das lenkt nur ab.

... in einem gewagten, hautengen Paillettenkleid, selbst wenn es sich um eine Abendveranstaltung handelt. Sparen Sie sich solche Klamotten für einen Ausgehabend auf, nicht für einen Abend, an dem Sie einen beruflichen Vortrag halten.

Zusammenfassung

Da Sie nun wissen, wie Sie Ihren Auftritt organisieren sollen, sind Sie fürs Rampenlicht gerüstet. Es ist an der Zeit, aufs Podium zu gehen und mit Ihrer Rede alle vom Hocker zu reißen. Das nächste Kapitel sagt Ihnen, wie Sie das bewerkstelligen.

7. Ihr Auftritt bitte! Halten Sie Ihren Vortrag

„Die Fähigkeit, öffentlich zu sprechen, ist eine Abkürzung zum Ruhm. Sie stellt die Person ins Scheinwerferlicht, erhebt sie hoch über die Menge. Und der Person, die gut sprechen kann, wird üblicherweise Anerkennung für eine Fähigkeit gezollt in einem Maße, das über das, was der Betreffende wirklich besitzt, weit hinausgeht."

Diese Worte stammen von dem verstorbenen Radio- und Fernsehnachrichtenmoderator Lowell Thomas, der zu seiner Zeit einer der bekanntesten, meistbeachteten Menschen in Amerika war. Er war ein bedeutender Verfechter der öffentlichen Rede. Und ich stimme völlig mit ihm überein.

Die allererste Rede, die ich im Alter von elf Jahren vor meinen zwanzig Mitschülern hielt, war ein Riesenerfolg. Lachen Sie nicht. Diese positive Rückmeldung von meinen Mitschülern der fünften Klasse war alles, was ich brauchte, um mich für meine zweite Rede zu qualifizieren.

Im Leben führt eine erfolgreiche Erfahrung üblicherweise zu einer weiteren. Das war zweifellos auch bei mir der Fall, und so bin ich hier, ungefähr 1000 Reden später, und mache meine Sache noch immer gut. In der Tat glaube ich fest daran, dass meine Fähigkeit, vor Publikum gut zu sprechen, wesentlich für meinen beruflichen Erfolg verantwortlich ist. Allerdings spricht nicht jeder gern vor Publikum. Einigen Umfragen zufolge, von denen Sie sicher schon gehört haben, fürchten die Leute nicht etwa Tod, Steuer oder das Ziehen eines Zahnes am meisten. Sondern das Halten eines Vortrags!

Jeder bekommt kalte Füße, bevor er eine Rede hält – angefangen vom Neuling bis hin zum verdienstvollsten

Redner. Wer will denn schließlich in der Öffentlichkeit einen Bock schießen? Ich habe schon gehört, wie weltweit anerkannte Redner nach ihrem Vortrag herumhasteten und ein paar Freunde fragten: „War ich gut? Habe ich auch nichts falsch gemacht?"

Vergessen Sie nicht, alle neuen Erfahrungen - ob es nun das Schwimmenlernen, Autofahren oder, ja, erste sexuelle Erlebnisse sind - bringen beim ersten Mal jeweils ganz eigene Befürchtungen mit sich. Warum sollte es bei einem Vortrag anders sein? Wenn Sie erst einmal wissen, was Sie tun, ist es nicht halb so furchterregend, wie Sie es sich vorstellten. Obwohl im Hintergrund immer Angst lauern mag, wird nicht die Angst, sondern *Sie selbst* Ihre Rede beherrschen.

Schreckenszeit

Angst beginnt mit einem tief sitzenden Glauben, dass Sie es versemmeln werden, weil Sie etwas, das man von Ihnen erwartet, nicht können. Und wenn man Sie bittet, vor einer Gruppe eine Leistung zu erbringen - wie z.B. einen Vortrag zu halten -, setzt Panik ein. Sie spüren dieses schreckliche Zwicken im Bauch, das plötzliche Herzklopfen und das dringende Bedürfnis, sich zu räuspern. Sie fragen sich, wie Sie in diese schreckliche Lage gelangen konnten, und beten zum Himmel, dass Sie lebend herauskommen.

Kann man die Angst, vor Publikum zu sprechen, wirklich überwinden? Gewiss, aber es wird nicht über Nacht geschehen. Sofern Ihre Ängste nicht durch tief verwurzelte psychische Probleme verursacht werden, können Sie sie größtenteils loswerden, wenn Sie wirklich gewillt sind, daran zu arbeiten. Obwohl es keine Selbstbewusstseinstablette gibt, die Sie schlucken können, um sich vollständig von Ihrer Redeangst zu heilen, können Sie Ihre Nervosität beträchtlich verringern. Die meisten professionellen Redner werden Ihnen sagen, dass jeder Lampenfieber bekommt, aber dass sich dies tatsächlich als hilfreich erweisen kann. Dieser *Adrenalinstoß* hält Sie nicht nur hellwach, sondern hilft Ihnen auch, Ihr Anliegen besser zu vermitteln.

Manche Leute haben ihre Redefertigkeiten verbessert, indem sie einen Dale-Carnegie-Kurs besuchten. Dabei handelt es sich um eine sehr effektive Methode, die den Teilnehmern, die erst anfangen, Vorträge zu halten, beibringt, wie man sich bei einer Rede vor Publikum wohl fühlt. Laut Ralph Nichols, Vorstandsvorsitzender des Michigan Dale-Carnegie-Franchiseunternehmens, der bis heute mehr Redner auszubilden geholfen hat als jeder andere, „benutzt der Carnegie-Kurs eine Methode, die einfach ist, nicht auf Konfrontation abzielt und sich in den meisten Fällen als sehr erfolgreich erweist. Die einzelnen Teilnehmer werden gebeten, vor einer kleinen Gruppe der anderen Teilnehmer zu sprechen, und zwar erst kurz und dann immer länger, bis sie sich wohl dabei fühlen, längere Vorträge zu halten. Ich habe bis jetzt noch nie einen Misserfolg erlebt!"

Ralph, der es aufgrund seiner Fachkenntnis in Sachen Kommunikation auf die Titelseite von *U.S. News & World Report* gebracht hat, weiß, wovon er spricht. Frühere Kursabsolventen schwören darauf, einschließlich des vorher erwähnten Lee Iacocca, der ein begeisterter Absolvent ist. Wie er Ralph Nichols mitteilte, hat ihn dieser Kurs zu einem so erfolgreichen Redner gemacht. Obwohl der Kurs sehr Grundlegendes vermittelt, sagen die Absolventen, dass er ihnen vor allem das Selbstvertrauen schenkte, das sie brauchten, um ihre Anspannungen zu lösen. (Informationen unter Tel. 001-800-231-5800 oder via Internet *www.dale-carnegie.com.*)

Andere haben sich Toastmaster International angeschlossen, der weltweit größten Kommunikationsorganisation, deren Ziel es ist, anderen bei der Verbesserung ihrer Sprachfähigkeiten zu helfen. (Tel. 001-800-993-77 32.)

Mehr aus meinem Leben

Die Angst vor Ablehnung spielt zusammen mit der Gefahr, sich zu blamieren, eine große Rolle bei der Angst der meisten Menschen, in der Öffentlichkeit zu sprechen. Einige überwinden sie nie, aber andere können sie besiegen. Typisches Beispiel: Nach Hunderten von erfolgreichen Redeverpflichtungen machte ich bei einem Bankett mit Sportlern eine schreckliche Erfahrung, die mich beinahe schaffte. Vor dieser Begebenheit war jedes Publikum, vor dem ich erschienen war, von mir begeistert gewesen. Die Zuhörer hatten sich immer ereifert, mir zu sagen, wie „gut" sie mich fanden und wie viel ihnen meine Botschaft bedeutete. Ich hatte das Podium immer in Hochstimmung verlassen. Diese spezielle Gruppe nun, hauptsächlich Berufssportler, interessierte sich nicht nur keineswegs für das, was ich sagte. Die Teilnehmer hatten bereits vor dem Essen so viel getrunken, dass sie anfingen, mich zu unterbrechen. Zum ersten Mal in meinem Leben drang ich nicht zu meinen Zuhörern durch. Ich konnte nicht fassen, dass dies mir passierte. Ich kürzte meine Rede ab und verließ das Podium. Es war ein wahrhaft niederschmetterndes Ereignis.

Ein olympischer Versuch

Diese Erfahrung peinigte mich derart, dass ich nie wieder in meinem Leben eine Rede halten wollte. Das Schicksal jedoch wollte es anders. Ein paar Wochen danach forderte man mich aus heiterem Himmel auf, bei einem Geschäftsessen aus dem Stegreif einige Anmerkungen zu machen. Ich zögerte, erkannte aber schnell, dass eine Ablehnung sehr ungeschickt wäre. Darüber hinaus handelte es sich um Menschen, die ich auf meiner Seite wusste. Ich konnte nicht ablehnen. Während ich zum Podium ging, sprach ich mir insgeheim aufmunternde Worte zu. Ich erinnerte mich daran, dass ich bis dahin immer gute

Reden gehalten hatte und das Publikum mir gern zugehört hatte. Gleichzeitig stellte ich mir vor, wie ich selbstsicher vor der Gruppe sprach und alle mir gebannt zuhörten. Als ich zu reden anfing, klopfte mir plötzlich das Herz, und ein paar Sekunden lang spürte ich dieselben Wellen des Zweifels, die ich einen Monat zuvor erlebt hatte. Aber ich weigerte mich, dem nachzugeben.

Während ich weitersprach, kehrte schlagartig mein altes Selbstvertrauen wieder, und ich erkannte schnell, dass diese Gruppe - die ich gut kannte - geschlossen auf meiner Seite stand, im Gegensatz zum vorhergehenden Publikum. Am Ende der Rede hatte ich mehr oder weniger zu meinem alten Selbst zurückgefunden.

Was lernte ich daraus? Diese Angst zu versagen ist sehr real, selbst für erfahrene Redner wie mich. Es ist etwas, dem Sie nicht nur ins Auge sehen, sondern das Sie auch bekämpfen müssen. Ebendies machen Eiskunstläufer bei den Olympischen Spielen, wenn sie stürzen. Sie stehen sofort wieder auf und laufen weiter. Meine Weigerung, zuzulassen, dass diese eine unglückliche Erfahrung mein Selbstvertrauen untergrub, erlaubte mir, mit dem weiterzumachen, was noch immer eine erfolgreiche Karriere im Bereich Kommunikation ist. Auch Sie haben dieselbe Wahl. Sie können sich von Ihren frühen Niederlagen lähmen lassen, oder Sie können es noch einmal versuchen. Aber Sie sollten sich Ihre Auftritte sorgfältig auswählen - wie ich für mein „Come-back“.

Mein Freund John Rosenwald, von dem Sie in einem vorigen Kapitel schon gelesen haben, hat hierfür den besten Rat parat: „Denken Sie an die Anweisung auf einem Mayonnaiseglas - kühl halten, aber nicht einfrieren.“

Tipp

Wenn Sie gerade erst damit beginnen, vor Publikum zu sprechen, versuchen Sie es erst einmal vor einer eher kleinen Zuhörerschaft, von der Sie wissen, dass sie Ihnen freundlich gesinnt ist. Es ist eindeutig viel sinnvoller, als damit vor einer Menge fremder Leute anzufangen, die noch nie von Ihnen gehört haben. Dies schüchtert Sie viel zu sehr ein, um es gelinde auszudrücken!

Den Durchbruch schaffen

Wenn eine ungute Begebenheit eine erfahrene Rednerin wie mich aus der Fassung bringen konnte, kann man sich leicht vorstellen, wie schwierig es für andere ist, ihre Angst vor einer öffentlichen Rede zu überwinden.

Es gibt jedoch klar umrissene Wege, wie Sie Ihre Nerven beruhigen und letztendlich Ihre Zuhörer für sich gewinnen können, selbst wenn Sie zu Beginn der Rede weiche Knie haben. Wenn Sie die grundlegenden Techniken, wie im vorigen Kapitel beschrieben, erst einmal sicher beherrschen, werden Sie entdecken, dass es nicht so schwierig ist, eine eindrucksvolle Rede zu halten.

Was macht eine tolle Rednerin aus?

Einige Redner haben sich dank ihrer Fähigkeit, eine Zuhörerschaft zu fesseln, einen legendären Ruf erworben. John F. Kennedy zum Beispiel gelang es immer, eine Menge in seinen Bann zu ziehen. Margaret Thatchers meisterhafte Reden in ihrer Amtszeit flößten den Zuhörern immer großen Respekt ein. Ein anderer britischer Premierminister, Winston Churchill, wird als einer der größten Redner überhaupt betrachtet. Worüber verfügten diese Menschen, was anderen abgeht?

Was diese drei mit allen großen Rednern gemeinsam haben, ist ihr Wissen, wie man eine persönliche Verbindung zu seinen Zuhörern herstellt. Die allerbesten Redner werden eins mit ihrer Zuhörerschaft. Dies ist der allerwichtigste Faktor beim Sprechen. Darüber hinaus sind ihre Reden voller Schwung und Kraft - farbig, dennoch informativ; stark, dennoch mitfühlend. Bei der Beobachtung dieser Personen sowie anderer eindrucksvoller Redner fiel mir auf, dass sie alle über bestimmte Charakterzüge verfügen. Hier ist nun etwas von dem Nutzen, den ich aus ihren Künsten gezogen habe:

Meisterhafte Kommunikatoren beschränken ihre Rede auf eine angemessene Länge. Zwanzig oder fünfundzwanzig Minuten ist in etwa richtig. Es gibt einen alten, politisch nicht korrekten Witz, der eine Rede mit einem Frauenrock vergleicht - lang genug, um das Wesentliche abzudecken, aber kurz genug, damit es interessant bleibt.

Einer der Redner der Demokratischen Partei im amerikanischen Nationalkongress im Jahre 1988 kannte diese Regel offenbar nicht. Sie erinnern sich vielleicht an den damals noch wenig bekannten Gouverneur eines Staates, dessen Rede so lange und umständlich ausfiel, dass seine Zuhörer wie wild losapplaudierten, als er endlich die Worte sprach: „Und nun, da ich zum Schluss komme ..." Dieser Redner war Bill Clinton. Er scheint daraus gelernt zu haben.

Große Redner wissen, dass man besser aufhört, wenn die Leute noch mehr von einem hören wollen, und dass länger meist nicht besser bedeutet. Tatsächlich liegt in der Kürze die Würze.

Meisterkommunikatoren (MK) stellen auch sofort eine gefühlsmäßige Verbindung zu ihren Zuhörern her. Sie stellen sicher, dass sie in den ersten paar Sätzen zu ihnen *verbal* und *visuell* ein emotionales Band knüpfen. Studien zufolge entscheiden die Leute innerhalb einer Minute nach Redebeginn, ob sie den Redner mögen oder nicht.

Wenn Sie eine Verbindung zu Ihren Zuhörern aufnehmen wollen, versuchen Sie, sich auf ein Ereignis zu beziehen, mit dem die meisten Ihrer Zuhörer vertraut sind. Ein weiteres Mittel besteht darin, einen lokalen Bezug herzustellen - zu einer Person, einem „Insiderwitz“ oder sogar einem ortsansässigen Sportteam. Wenn ich zum Beispiel in Pittsburgh einen Vortrag halte, beginne ich immer, indem ich die heiß geliebte Football-Mannschaft erwähne, die Pittsburgh Steelers.

Neben verbaler Kontaktaufnahme setzen Kommunikationsexperten auch Blickkontakt ein, um ihre Zuhörer in den Bann zu ziehen. Imitieren Sie in dieser überaus wichtigen Eröffnungsminute nicht den Vogel Strauß. Schauen Sie Ihre Zuhörer an, nicht Ihr Redemanuskript. Wenn Sie den Kopf in Ihren Notizen vergraben, verlieren Sie Ihre Zuhörerschaft. Die Leute werden glauben, dass Sie über Ihr Thema nicht gut genug Bescheid wissen, und zudem werden sie sich langweilen, wenn Sie nur den oberen Teil Ihres Kopfes zu sehen bekommen. Um dies zu verhindern, sollten Sie immer zumindest die erste Seite auswendig lernen.

Um Blickkontakt effektiv einzusetzen, stellen Sie sich ein Metronom vor, das von links nach rechts schwingt. Wenn Sie zu reden beginnen, schauen Sie nach links und sagen Sie ein paar Worte - bewegen Sie den Kopf langsam zur Mitte und lassen Sie dann genauso langsam den Blick nach rechts schweifen. Dann wiederholen Sie dies, in einer beliebigen Reihenfolge. Wenn Ihr Blickkontakt nicht das ganze Publikum einbezieht, schalten diejenigen, die Sie ausschließen, ab.

Da Sie Ihre Rede dramatisch und eindrucksvoll gestalten wollen, kommt es wesentlich auf die Körpersprache an. Jeder große Redner macht sich diese zunutze. Zwei oder drei einfache Gesten reichen durchaus. Als ich kürzlich in Dallas einen Vortrag hielt, kreuzte ich mit geschlossenen Fäusten die Arme über dem Herzen, um zu vermitteln, dass ich die Stadt liebe - das Zeichen für „Liebe“. Ich verwendete absichtlich Zeichensprache, weil es sich hierbei um ein sehr visuelles Medium handelt und Gesten manchmal deutlicher sprechen als alles andere.

Eine weitere Technik, auf die hervorragende Redner größten Wert legen, ist die richtige Beleuchtung. Ann Richards, die frühere Gouverneurin von Texas, eine praktisch veranlagte Meisterkommunikatorin, reist oft mit ihrer eigenen Beleuchtungs- und Audiomannschaft. Sie weiß um die Bedeutung von Beleuchtung und Klang, wenn man versucht, ein Publikum in den Bann zu ziehen. Überprüfen Sie vor Ihrer Rede immer die Beleuchtung. Sie haben dies schon einmal gehört, aber man kann es gar nicht oft genug betonen. Bei zu schwacher Beleuchtung können Sie nicht nur Ihre Notizen nicht lesen, auch die Zuhörer können *Sie* kaum sehen. Ihre Rede wird nicht dieselbe Wirkung entfalten, weil das Gehirn Information sowohl durch das Sehen wie durch das Hören aufnimmt.

Zuhörer verlieren schnell das Interesse an jemandem, den sie nicht gut sehen oder hören können. Als Faustregel gilt: Es ist immer ein Fehler, in einem völlig abgedunkelten Raum zu sprechen, selbst wenn Sie Dias vorführen. Leider erleichtert, wie bereits erwähnt, ein pechschwarzer Raum es den Leuten nur allzu sehr, einfach wegzudösen.

Meisterkommunikatoren sind immer bestens mit ihrem Material vertraut und kennen es vorwärts und rückwärts. Dies verleiht ihrem Vortrag Autorität und Glaubwürdigkeit. Wenn Sie Ihr Material bestens kennen, befreit Sie dies auch von der Sorge, was Sie als Nächstes sagen werden. Sie können sogar ein paar Ad-hoc-Bemerkungen einfließen lassen, ohne den Faden zu verlieren.

Einige der größten Redner unserer Zeit lernten ihre Reden auswendig - etwa Winston Churchill -, obwohl die Zuhörer dies nie merkten. Während Churchill scheinbar improvisierte und ohne Manuskript sprach, hatte er in Wirklichkeit Stunden damit zugebracht, seine Reden Wort für Wort auswendig zu lernen - wie ein Schauspieler seine Rolle oder sein Drehbuch. Auch ich bin eine Anhängerin der Methode, die Rede größtenteils auswendig zu lernen, statt nur von Stichworten auszugehen. Oft ist die Beleuchtung, wie bereits erwähnt, ohnehin so schlecht, dass Sie Ihre Notizen nicht entziffern können. Wenn Sie Ihre Rede oft genug probeweise durchgehen, lernen Sie sie dabei praktisch auswendig.

Churchill nutzte jede nur mögliche Gelegenheit zum Proben. Eine berühmte Anekdote handelt davon, wie er eines Tages in der Badewanne lag und sein Butler ihn laut und ausführlich reden hörte. Weil der Diener annahm, Churchill befinde sich irgendwie in Schwierigkeiten, hastete er ins Badezimmer und fragte: „Haben Sie mich gerufen, Sir?" „Nein", erwiderte Churchill. „Ich habe gerade vor dem Unterhaus eine Rede gehalten."

Wenn Churchill ein halbes Jahrhundert später geboren wäre, hätte er den Vorteil einer Videokamera nutzen können. Diese kann einem Redner unschätzbare Dienste leisten, vor allem wenn man noch am Anfang steht. Auf diese Weise können Sie alle Mängel beseitigen, ehe Sie die Bühne betreten. Die Videoaufnahme verrät Ihnen, ob Sie zu schnell sprechen oder zu langsam, ob Ihr Tonfall enthusiastisch oder monoton klingt, ob Sie die Augen bewegen oder in eine Richtung stieren. Sie lässt Sie auch wissen, ob Ihre Sätze leicht verständlich oder zu lang und geschraubt sind. Und Sie finden auch heraus, was Ihr Körper sagt, was ebenfalls von enormer Bedeutung ist. Stehen Sie mit krummem Rücken oder aufrecht da? Helfen Ihre Hände, Ihre Rede zu befeuern, oder baumeln sie schlaff herunter?

Leisten Sie sich einen Camcorder. Es lohnt sich!

Meisterkommunikatoren versuchen immer, ein unerwartetes Requisit in ihre Rede einzuarbeiten. Finden Sie etwas, das visuell einen besonderen Punkt, den Sie anbringen wollen, veranschaulicht. Das kann wahre Wunder für Sie bewirken. Ich arbeitete einmal als Coach für Teresa Doggett, die sich damals zum ersten Mal um ein politisches Amt bewarb und mich fragte, wie sie ihre Kampagne aufregender gestalten könne. Ich schlug ein Requisit vor, das ihre Entschlossenheit symbolisierte, es trotz aller Widrigkeiten mit ihrem Gegner aufzunehmen.

Ich hatte den Einfall, dass sich Teresa Boxhandschuhe kaufen und sie knallrot färben sollte, damit jeder Zuhörer sie sehen konnte. Sie streifte sie über, boxte damit symbolisch auf ihren Gegner ein und brüllte: „Ich werde kämpfen, kämpfen bis zum Letzten." Diese kleine persönliche Note brachte ihre 14 000 Zuhörer auf die Beine, sie jubelten wie wild los. Teresa und ihre Boxhandschuhe erschienen auf der Titelseite jeder Zeitung in Texas und auch in den Fernsehnachrichten wurde ihr mehr als gebührend Beachtung geschenkt. Obwohl Teresa die Wahl nicht gewann, hatte sie sich bei Leuten, die vorher noch nie von ihr gehört hatten, wirklich einen Namen gemacht.

Große Redner erkennen, wie das passende Sprechtempo die Wirkung ihrer Rede beeinflusst. Bestimmte Wörter sollten langsam und bedächtig geäußert werden. Vor allem Zahlen sollte man langsamer als Wörter sprechen, weil sie selbst unter günstigsten Bedingungen schwer zu verstehen sind. Wir alle wissen, wie verwirrend es klingt, wenn jemand Zahlen zu schnell herunterrattert. Wenn Ihr Tempo zu flott ist, entgeht den Leuten, was Sie sagen. Sprechen Sie Zahlen immer langsam, legen Sie zwischen den Zahlen eine kleine Pause ein.

Meisterkommunikatoren finden vorher alles Wissenswerte über ihre Zuhörerschaft heraus, da es ihr Ziel ist, ihre Zuhörer zu erreichen und zu motivieren. Wenn sie etwa vor einer Gruppe von Baptistenpredigern sprechen, richten sie ihre Bemerkungen anders an sie, als sie es vor einer politischen Zuhörerschaft tun würden. Meisterkommunikatoren können den Herzschlag einer Zuhörerschaft fühlen und wissen damit umzugehen. Die verstorbene Dinah Shore, bekannte Sängerin und Fernsehstar, erteilte mir einmal eine wundervolle Lektion darüber, wie wichtig es ist, sich auf das Publikum mental einzustellen. Als ich ihr von meinen schlechten Erfahrungen mit jener ungebärdigen Gruppe erzählte, die während meines Vortrags ständig redete, meinte sie: „Tina, ich hätte innegehalten und dann zu ihnen gesagt, ‚Hey, ich glaube, Sie amüsieren sich besser als ich, also setze ich mich jetzt hin und schließe mich Ihnen an.'"

Selbst wenn ein solcher Star wie Dinah Shore ihren Vortrag stoppen würde, ist nicht anzunehmen, dass die

Kraft Ihrer Persönlichkeit oder die Bedeutung Ihrer Botschaft eine teilnahmslose Gruppe besiegen könnte. Manchmal lässt sich ein Publikum einfach nicht erreichen – vor allem wenn Ihre Botschaft und die Stimmung der Zuhörerschaft sich nicht vereinbaren lassen. Gemäß dem Rat von Dinah Shore ist es besser, die Laune der Menge zu akzeptieren als zu ignorieren. Wie schon die alte Redensart sagt: „Wenn du sie nicht besiegen kannst, schließe dich ihnen an."

Erfahrene Redner befolgen zudem die Regel, beim Sprechen wirklich und bewusst große Begeisterung zu zeigen. Niemand lauscht gern jemandem, der wie halb tot klingt. Die Leute hören viel lieber jemandem wie etwa der TV-Moderatorin Rosie O'Donnell zu, die stark die Stimme moduliert. Dadurch möchte man als Zuhörer jedes ihrer Worte mitbekommen. Wenn Sie monoton leiern, langweilen Sie Ihre Zuhörerschaft, selbst wenn Ihre Worte brillant gewählt sind.

Aber verwechseln Sie beim Sprechen Begeisterung nicht mit Überschwänglichkeit. Ihre Stimme oder Worte dürfen nicht zu viel Heldenverehrung oder übermäßige Lobpreisung enthalten. Sie wirken weitaus glaubwürdiger, wenn Sie sich natürlich und unparteiisch äußern. Insbesondere Frauen müssen in puncto Begeisterung Vorsicht zeigen, weil sie normalerweise mit höherer Stimme als Männer sprechen. Was bei einer Männerstimme unwiderstehlich und würdevoll klingt, kann bei einer Frau kleinmädchenhaft und albern wirken. Überschwänglichkeit kann sogar sexuelle Untertöne annehmen, wenn Sie von einem Mann sprechen.

Meisterkommunikatoren wissen, dass die kraftvollste Rede klar und direkt ist, in einfachen Worten, die jeder versteht. Ex-Präsident Ronald Reagan nannte man den „großen Kommunikator", weil er Worte verwendete, die jeden erreichten, ungeachtet seines Bildungsniveaus oder selbst seiner politischen Einstellung. Große Redner wie Ronald Reagan erkennen, dass sich das gesprochene Wort sehr stark vom geschriebenen unterscheidet. Sie wissen, dass etwas, das geschrieben großen Eindruck hinterlässt, in einer Rede möglicherweise schwer zu verstehen ist. Deshalb verwenden diese begnadeten Redner kurze, direkte Sätze mit vielen handlungsbetonten, aussagekräftigen Verben. Sie hüten sich zudem vor ausgefallenen fremdsprachigen Wendungen oder Fachbegriffen. Sie wollen es ihren Zuhörern so leicht wie möglich machen, dem, was sie sagen, folgen zu können.

Die zehn häufigsten Fehler bei einer Rede

1. Sich nicht dem Anlass entsprechend kleiden.
2. Nicht genügend proben.
3. Ohne richtige Vorstellung unvorbereitet anfangen.
4. Den Kopf im Manuskript vergraben.
5. Nicht mit dem ganzen Raum Blickkontakt aufnehmen.
6. Es dem Publikum erschweren, Ihren Worten folgen zu können.
7. Ausgefallene Wörter und lange, geschraubte Sätze gebrauchen.
8. Zu schnell reden, vor allem bei Zahlen.
9. Es an Begeisterung fehlen lassen und wie halb tot klingen.
10. Zu lange sprechen.

Katastrophenkontrolle

Dank meiner Erfahrung habe ich etliche kleinere Tipps gesammelt, die immer helfen, eine Redeverpflichtung reibungsloser über die Bühne zu bringen.

- Versuchen Sie, bei einer Rede möglichst immer ein Rednerpult zu benutzen. Das ist wichtig! Wenn Sie hinter ein Rednerpult treten, verleiht Ihnen dies allein schon den Anschein von Autorität sowie einen Platz, an dem Sie Ihre Notizen, eine Stoppuhr und selbst ein Glas Wasser, ein Taschentuch oder was auch immer verstauen können. Sie können sich auch daran festhalten, vor allem, wenn Sie nervös sind. Sie gewinnen auf eigenartige Weise das Gefühl, geschützt zu sein. Auf der Vorderseite des Rednerpults können Sie auch ausgezeichnet das Logo Ihres Unternehmens oder Ihrer Organisation anbringen. (Es eignet sich als Fläche für Fotos ebenso wie für einen Hinweis an Ihre Zuhörer auf Ihre Unternehmenszugehörigkeit.)

- Wenn Sie den so genannten Frosch im Hals spüren, versuchen Sie nicht, ihn herauszuräuspern. Das reizt nur die Stimmbänder, während Sie besser versuchen sollten, sie zu entspannen. Schlucken Sie entweder oder trinken Sie etwas Wasser, um Ihren Hals zu beruhigen. Ehe Sie weiterreden, tun Sie das, was Opernsänger tun, um ihre Stimmbänder zu entspannen – Gähnen Sie ein paar Mal! (Natürlich versteckt!)
- Bitten Sie immer einen Freund oder Kollegen, für den Notfall eine zusätzliche Kopie Ihrer Rede mitzubringen. (Ich vergaß mein Exemplar einmal zufällig auf der Toilette, und es gab eine wilde Jagd, bis wir es endlich fanden!)
- Wenn Ihre Rede mehr als ein paar Seiten umfasst, legen Sie die Blätter nicht zu einem Stapel zusammen. Gestapelte Blätter können durcheinander geraten, während Sie sprechen, und so bewirken, dass Sie den Faden verlieren. Verwenden Sie, wenn möglich, am besten einen Drei-Ring-Ordner.
- Wenn in Ihrer Rede Zahlen, die für die Zuhörer von Bedeutung sind, vorkommen, sollten Sie sie langsam vorlesen. Sonst gehen sie akustisch unter. Vielleicht möchten Sie sie auch schriftlich fixieren, damit Sie sie nach der Rede austeilen können.
- Wenn Sie vorhaben, Kopien Ihrer Rede zu verteilen, warten Sie damit *immer* bis *nach* Ihrer Rede. Wenn Ihre Zuhörer eine Textkopie vor sich haben, lesen sie sie automatisch, anstatt Ihnen zuzuhören.

Der Frage- und Antwortteil

Der Frage- und Antwortteil nach der Rede, bei dem es sich oft nur um eine Pro-forma-Angelegenheit handelt, kann sich als eine weitere Gelegenheit für Sie erweisen, Ihr rhetorisches Geschick unter Beweis zu stellen. Eine vorbereitete Rede vorzulesen ist eine Sache. Fragen aus dem Stegreif zu beantworten - vor allem, wenn die Möglichkeit besteht, dass jemand herummotzt -, steht hingegen auf einem anderen Blatt.

Ich habe nur selten einen Vortrag gehalten, auf den nicht Fragen und Antworten folgten. Und um die Wahrheit zu sagen, mir gefällt es. Es fordert meinen Geist; es verrät mir, was den Leuten *wirklich* im Kopf herumgeht (möglicherweise Themen, die ich in meinem nächsten Vortrag behandeln sollte); und es erlaubt mir, ein noch engeres Band zu meinen Zuhörern zu knüpfen. Obwohl er nicht immer ein grandioser Erfolg ist, kann ein guter Frage- und Antwortteil Sie durchaus mit noch mehr Ruhm bedecken. Folgen Sie einfach diesen Vorschlägen:

„Organisieren" Sie eine Frage.
Die meisten Leute scheuen davor zurück, als Erster eine Frage zu stellen. Sie können einen Bekannten im Publikum sitzen haben, der instruiert ist, eine vorher abgesprochene Frage zu stellen, die Sie aus dem Effeff beantworten können. Das ist kein Betrug - sondern nur eine Möglichkeit, die Dinge ins Rollen zu bringen.

Wiederholen Sie die Frage.
Wiederholen Sie *immer* die Frage, ehe Sie sie beantworten. Dadurch gewinnen Sie ein paar Sekunden, in denen Sie sich Ihre Antwort parat legen können. Zudem ist dies hilfreich für die Zuhörer weiter hinten, die vielleicht die Fragesteller nicht hören können, wenn diese nicht über Mikrofon sprechen.

Schauen Sie den Fragesteller direkt an.
Tun Sie so, als wäre sie oder er die einzige Person im Raum. Selbst wenn Sie die Frage für dumm oder abseits vom Thema erachten, behandeln Sie die Person respektvoll.

Wissen Sie über Ihr Thema Bescheid.
Sie müssen Ihr Thema von A bis Z kennen. Obwohl Sie nur einen Vortrag zu dem Thema halten, sollten Sie versuchen, sich auch mit den Randaspekten, die vielleicht im Frage- und Antwortteil auftauchen, vertraut zu machen.

Versuchen Sie nicht, den anderen etwas vorzumachen.
Haben Sie keine Angst zu sagen: „Darauf weiß ich keine Antwort." Es ist viel besser, dies zuzugeben, als zu stottern und zu stammeln und hilflos herumzutun. Versprechen Sie dem Fragesteller, dass Sie sich für ihn kundig machen werden – und tun Sie das dann auch –, selbst wenn Sie ihm die Antwort per Post schicken müssen!

Berufen Sie sich auf andere Experten.
Wenn Kollegen von Ihnen anwesend sind, die Fachleute auf Gebieten sind, zu denen Sie vielleicht befragt werden, verweisen Sie die Frage an sie. Sie können ganz einfach sagen: „Meiner Ansicht nach ist Marilyn Burns, Direktorin für Auslandsverkauf, die Person, die das am besten beantworten kann. Mrs. Burns?"

Hören Sie sich die Frage bis zum Ende an.
Hören Sie sich immer die vollständige Frage an. Unterbrechen Sie nicht, selbst wenn der Fragesteller anscheinend abschweift.

Weichen Sie der Kugel aus.
Wenn man Ihnen eine Frage stellt, die Sie nicht unbedingt beantworten möchten, verhalten Sie sich wie schlaue Politiker: Reden Sie um den heißen Brei herum. Sie sind *nicht verpflichtet*, eine Frage pedantisch zu beantworten. Dasselbe gilt für heikle Fragen von juristischer oder vertrauli-

cher Natur. Es bietet sich Ihnen ein guter Ausweg: „Es tut mir Leid, aber darüber läuft gerade ein Rechtsstreit, und wir dürfen noch nicht über die Angelegenheit sprechen."

Überlebensausrüstung für Redner

Wie sich das Blatt doch wendet! Ganz plötzlich sind Sie von der Nachwuchsrednerin in die höhere Führungsriege aufgestiegen. Sie haben sich in der Tat allmählich den Ruf einer schwungvollen Rednerin erworben, der die Leute mit Genuss zuhören. Organisationen beginnen, Sie zu umwerben, und ihre Einladungen mit der Bitte, eine Rede zu halten, flattern Ihnen ins Haus. Wie überaus schmeichelhaft! Irgendjemand da draußen findet tatsächlich, dass Sie etwas zu sagen haben. Eine Veranstaltungskoordinatorin bedrängt Sie, Ihren Terminkalender durchzusehen, ob Sie an diesem oder jenem Tag frei sind. Sie bittet, schmeichelt Ihnen, verspricht, es kämen viele Zuhörer. Sie will dafür sorgen, dass es Ihnen supertoll geht, wenn Sie nur zustimmen. Sie fragen sich, ob Sie zusagen sollen: Schließlich sind Sie zu diesem Vortrag nicht *verpflichtet.* Es ist eine aufrichtige Einladung von jemandem, der Sie wunderbar findet. Ihr Ego siegt. Also entscheiden Sie sich dafür. Und was dann?

Vielleicht sollten Sie lieber zu Hause bleiben und stattdessen ein gutes Buch lesen. Weshalb sollte ich – die allzeit bereite Rednerin – je vorschlagen, *keinen* Vortrag zu halten? Weil ich ein gebranntes Kind bin. Ich habe wie eine fleißige Biene alles gesammelt, anstatt meine Einladungen vorher sorgfältig zu prüfen. Das Ergebnis? Ich habe tage-, manchmal wochenlang einen Vortrag vorbereitet und musste ihn dann vor einer Hand voll Leuten halten. Der „Einladende" machte zu große Versprechungen und der „Eingeladene" (ich!) fiel darauf herein. Schlussfolgerung: Nicht jede Einladung zu einem Vortrag ist Ihre Mühe wert. Man muß viel Zeit investieren in das Schreiben, Proben und Ausfeilen einer Rede, die es wert ist, gehalten zu werden. Um zu verhindern, dass Sie ein ähnliches Desaster erleben, habe ich eine Überlebensausrüstung für Redner ersonnen, um Ihnen solche Pein zu ersparen. Ehe Sie die Einladung zu einem Vortrag annehmen, halten Sie sich an Folgendes:

1. Bitten Sie den Veranstaltungskoordinator um Zusendung eines detaillierten Briefes mit allen zur Sache gehörenden Fakten, z. B. wann, wo, wer und wie viele erwartungsgemäß teilnehmen werden.
2. Bitten Sie um eine Liste früherer Redner. Manche Organisationen verfügen über das nötige Geschick, Spitzenleute anzuziehen, andere nicht. Wenn Sie keinen einzigen der früheren Redner kennen, fragen Sie sich, ob sich die Mühe lohnt.
3. Finden Sie heraus, ob die Organisation Ihnen bei der Ankündigung Ihres Vortrags helfen wird. Bitten Sie, Werbebeispiele für frühere Redner einsehen zu dürfen. Sie brauchen Unterstützung bei der Zuhörerwerbung. Wird der Veranstalter ein Interview der Lokalzeitung mit Ihnen anberaumen? Wie steht es mit Fernsehen und Hörfunk? Verfügt die Organisation über einen Newsletter, der an die Mitglieder geschickt wird und in dem man Ihre geplante Rede hervorheben wird?
4. Finden Sie heraus, wann *genau* Sie auf dem Programm stehen. Wenn Sie am letzten Tag einer dreitägigen Konferenz als Vorletzte sprechen, vergessen Sie es. Ihre Zuhörerschaft wird bestenfalls verschwindend klein sein. Die Teilnehmer verstauen zu dieser Zeit ihre letzten Sachen in den Koffer oder sind schon unterwegs zum Flugplatz – und sitzen nicht mehr in einem Auditorium, um Ihrer Rede zu lauschen.

   Das Gleiche gilt für einen Vortragstermin nach dem Abendessen. Wenn es sich um eine längere, ausgedehnte Angelegenheit handelt, gar mit einer ständig offenen Bar, sollten Sie es sich gründlich überlegen, ehe Sie zusagen. Ganz egal, wie fesselnd Ihr

Vortrag ist - Sie müssen sich klar darüber sein, dass Sie wahrscheinlich vor Leuten stehen, die angeheitert sind, ein Nickerchen machen oder hinausschleichen, um sich die Mäntel zu holen.

5. Bitten Sie um Einsichtnahme in die Mitgliederliste mit Titel und Unternehmenszugehörigkeit. Einige Gruppen betrachten diese Information als vertraulich und werden sie Ihnen nicht aushändigen. Aber ein Versuch lohnt sich, selbst wenn Sie nur die Namen und Titel der Vorstandsmitglieder der Organisation erfahren. Es ist auch hilfreich, ein Profil der Gruppe zu bekommen. Es ist für Sie nicht gerade sinnvoll, einen Haufen Leute anzusprechen, die absolut kein Interesse an *Ihren* Fachkenntnissen haben.
6. Wenn Sie gebeten werden, in einer anderen Stadt einen Vortrag zu halten, sollten Sie unbedingt herausfinden, wer für die Reisebuchung und die Hotelunterbringung verantwortlich ist. Wenn Sie bei einem Großunternehmen arbeiten, geht man im Allgemeinen davon aus, dass sich Ihr Unternehmen darum kümmern wird. Wenn dies nicht der Fall ist, werden Sie entweder selbst dafür aufkommen oder der Organisation mitteilen müssen, dass Sie nicht sprechen können, wenn nicht Ihre Ausgaben gedeckt werden.
7. Versuchen Sie immer, Ihrem Vortrag einen eingängigen Titel zu geben. Selbst wenn Sie über ein absolut ernstes Thema sprechen werden - vielleicht wenden Sie sich sogar an eine Versammlung von Bestattungsunternehmern -, besteht eine Möglichkeit, sich Aufmerksamkeit zu sichern, sofern Sie keine Berühmtheit sind, mit dem Titel Ihrer Rede. Er muss nicht witzig sein - aber eingängig. Welcher Titel spricht einen mehr an: „Die Auswirkungen der Eingriffe der Zivilisation auf das Überleben des Weißen Rhinozeros" oder „Wer sorgt sich um das Überleben des abstoßendsten, gemeinsten Tieres auf dem Planeten?" Letzterer Titel ist eindeutig viel reizvoller.
8. Wenn Sie nicht zu den hohen Tieren des Unternehmens zählen, wird Ihnen die Organisation nur selten

ein Honorar für Ihren Vortrag zahlen. Aber wenn Sie der Meinung sind, dass der Name der Organisation sich auf Ihrem Lebenslauf gut macht, halten Sie Ihre Rede kostenlos.

Wie bereits öfter in diesem Buch erwähnt, kann öffentliches Reden für Ihre Karriere Wunder bewirken und obendrein Ihrem Selbstwertgefühl kräftig Auftrieb verleihen. Aber wenn es sich um einen Vortrag handelt, für den Sie sich selbst frei entscheiden können - nicht einen, zu dem Ihr Chef Sie einteilt -, sollten Sie durchaus wählerisch sein. Wenn die oben erwähnten Umstände nicht absolut stimmen - oder zumindest beinahe -, lehnen Sie einfach ab.

Zeit für einen Trinkspruch

Was für ein glücklicher Tag! Ihr Bruder heiratet die Liebe seines Lebens, die zufällig eine Ihrer besten Freundinnen ist. Alle Hochzeitsgäste sind hervorragender Laune, alles ist völlig reibungslos gelaufen, und jetzt ist der Zeitpunkt gekommen, einen Trinkspruch auf das Brautpaar auszubringen.

Werden Sie es *wagen*, diejenige zu sein, die sich erhebt und die Gäste bittet, die Gläser zu erheben? Wahrscheinlich nicht. „Das ist Männersache", denken manche Frauen. (Wer sagt denn das?) Andere glauben, sie könnten es nicht, oder wissen nicht, was sie sagen sollen. Ich frage mich, ob dieses ganze Zögern nicht Teil des „Kleine Mädchen sollte man sehen, aber nicht hören"-Syndroms ist.

Warum zwingen Sie sich nicht, in den sauren Apfel zu beißen, und versuchen, einen Trinkspruch zu halten - zumindest einmal? Eine Familienfeier eignet sich für den Anfang ausgezeichnet. Es sollte Ihnen relativ leicht fallen angesichts der Menschen, die Ihnen so vertraut sind. Aber was ist, wenn Sie sich in einer geschäftlichgesellschaftlichen Situation mit vielen Fremden befinden und Trinksprüche ausgebracht werden? Wenn Sie hervorstechen wollen, stehen Sie einfach auf! Erheben Sie Ihr Glas und zwingen Sie sich zu ein paar Worten. Sie müssen nicht über alle Maßen witzig oder überwältigend brillant sein, um einen guten Trinkspruch zu halten. Er könnte auch ganz schlicht ausfallen, wie: „Ich bin Lisa Williams (falls einige Sie nicht namentlich kennen) und ich möchte ebenfalls meine herzlichen Glückwünsche aussprechen. Ich trinke auf Mary Turner, die so hervorragende Arbeit geleistet hat."

Ist es, unabhängig vom Anlass, nicht an der Zeit, dass auch Frauen so ungeniert wie Männer einen Trinkspruch ausbringen? Dass sie es nicht nur tun *sollten*, sondern dass man es von ihnen *erwartet*? Bei einem von Herzen kommenden Trinkspruch fühlt sich jeder wohl und freut sich darüber, ganz egal, ob er von einem Mann oder einer Frau kommt. Darüber hinaus bietet sich Ihnen eine tolle Gelegenheit, Ihre Angst vor dem Sprechen in der Öffentlichkeit zu überwinden.

Beginnen wir also mit der Technik, einen Trinkspruch auszubringen. Zuerst müssen Sie sich überlegen, was Sie sagen wollen. Wenn es die Zeit zulässt, schreiben Sie es auf, und sprechen Sie es sich ein paar Mal laut vor. Denken Sie daran, sich kurz zu fassen, und bemühen Sie sich um absolute Aufrichtigkeit. Wenn Sie sich an das Ausbringen von Trinksprüchen gewöhnt haben, wollen Sie manchmal vielleicht einen aus dem Stegreif halten. Vergewissern Sie sich aber, dass er zum Anlass passt und kurz und wohlwollend ausfällt.

Ihr Trinkspruch sollte unbedingt von gutem Geschmack zeugen. Dies ist nicht der passende Zeitpunkt, um jemanden durch den Kakao zu ziehen (sofern das Ereignis eine nette Spöttelei nicht geradezu gebietet) oder um sich in besonderer Witzigkeit zu versuchen, sofern Sie nicht eine ausgesprochene Begabung dafür haben. Wenn Sie schon ein wenig getrunken haben und sich nicht mehr völlig unter Kontrolle haben, sollten Sie ganz besondere Vorsicht walten lassen, um nicht jemanden unabsichtlich zu kränken.

Ich war kürzlich auf einer Hochzeit, bei der der Bruder des Bräutigams – der schon einiges über den Durst getrunken hatte - sich zu einem Trinkspruch erhob und witzig sein wollte. Stattdessen verletzte er zu guter Letzt die Gefühle des Brautpaars, indem er unpassenderweise ihr Zusammenleben der vergangenen drei Jahre beschrieb. Sie fühlten sich peinlich berührt, weil er ihre Beziehung vor dem Pfarrer, ihren Eltern und allen Freunden ausbreitete. Das Brautpaar war nicht etwa spießig; es war nur eben nicht der richtige Ort oder Zeitpunkt für diese Art von Humor.

Trinksprüche müssen nicht kompliziert sein und sie sind auch nicht furchtbar schwierig. Sie dürften überdies im Allgemeinen Erfolg damit haben, wenn Sie meinen Ratschlägen folgen. Stellen Sie sich einen Trinkspruch als eine Gelegenheit vor, jemandem vor Dritten ein Kompliment zu machen. Den meisten Leuten gefällt es sehr, wenn sie angenehme, freundliche Worte über sich zu hören bekommen. Trinksprüche bieten eine hervorragende Gelegenheit zum Austausch von Nettigkeiten und dazu, in der Öffentlichkeit einem Menschen, der das Ihrer Meinung nach verdient, Anerkennung zu zollen.

Ein Trinkspruch kann theatralisch, sehr einfach oder humorvoll sein. Bei der Abschiedsfeier für meinen Managementassistenten Joe, der uns verließ, um zu einem anderen Unternehmen zu wechseln, machte ich ein paar Bemerkungen darüber, wie sehr wir alle ihn vermissen würden. Ich sagte:

„Joe hat hervorragende Arbeit geleistet, und wir werden nur mit Mühe einen ebenbürtigen Nachfolger finden. Vor allem seine tollen Witze werden uns allen abgehen. Ich möchte Ihre Gefühle nicht verletzen, Joe, aber ich glaube, ich habe bereits Ersatz für Sie gefunden. Stehen wir alle auf und erheben wir die Gläser auf Joe und seinen Nachfolger." Die Tür ging auf, und es schlurfte ein von mir angeheuerter Schauspieler herein, verkleidet mit einem riesigen Gorilla-Kostüm, der sich kratzte und affenartige Laute von sich gab. Dies ist nun schon zehn Jahre her, aber noch immer reden diejenigen, die dabei waren, von meinem Trinkspruch auf Joe.

Nun passt nicht zu jeder Gelegenheit etwas so Unerhörtes wie mein Scherz über Joe. Natürlich dürfen Ihre Trinksprüche immer wesentlich konventioneller ausfallen. Vergessen Sie nicht, Sie müssen nicht grandios witzig sein, um Eindruck zu hinterlassen. Folgende Beispiele schlichter Trinksprüche könnten Sie gut bei einer Essenseinladung geben:

„Erheben wir am Jahrestag ihres ersten Treffens unser Glas auf Christina (immer zuerst den Namen der Frau nennen) und ihren Mann Brian."

„Trinken wir auf Maria. Sie hat gerade ein Stück geschrieben, das ihrer Mutter hervorragend gefällt. Wir hoffen und wünschen dir, Maria, dass es auch am Broadway ankommt."

Bei einem beruflichen Anlass befindet man sich mit einfacher Klarheit bestimmt auf der sicheren Seite, sofern man nicht über einen Humor verfügt, der dem von Jay Leno Konkurrenz macht. Folgenden Toast könnte man beispielsweise bei einem Geschäftsessen ausbringen:

„Trinken wir auf unseren neuen Vizepräsidenten, Bob Powell. Mr. Powell, wir wünschen Ihnen in Ihrer neuen Position viel Glück, und wir werden alle da sein, um Ihnen zu helfen."

8. Finesse am Telefon

„Ich telefoniere geradezu fanatisch, weil mein Unternehmen davon abhängt. Weil ich oft auswärts oder in Sitzungen bin, habe ich ein paar Tricks ersonnen, um es den Leuten zu erleichtern, mit mir in Kontakt zu kommen. Ich spreche jeden Tag eine andere Botschaft auf meine Voice Mail, sage den Anrufern meine Termine für den Tag und gebe genau an, wann sie mich erreichen können. Ich sage auch, dass ich meine Voice Mail tagsüber immer wieder abhöre, damit die Anrufer wissen, dass ihre Nachricht mich bald erreicht. Weil die Leute sich meistens über die Voice Mail ärgern und darüber, dass sie den Betreffenden nicht erreichen konnten, bemühe ich mich sehr, meine Botschaft benutzerfreundlich und sogar ein wenig persönlich zu gestalten. Als ich zum Beispiel von einer Geschäftsreise nach Florida zurückkam, lautete meine Ansage: ‚Ich bin wieder aus dem sonnigen Süden zurück, aber leider nicht braun gebrannt, weil ich ständig am Konferenztisch saß.' Ich gebe auch Namen und Telefonnummer meines persönlichen Assistenten an, falls jemand sofort mit einem richtigen, netten Menschen statt mit einer Maschine sprechen möchte."

Auf diese Weise geht Marina Maher, eine der führenden Kommunikationsunternehmerinnen Amerikas, mit dem Telefon um. Obwohl Marina es versteht, das Telefon bestmöglich zu nutzen, können viele Leute dies nicht. Sie sollten sich fix schlau machen, weil wir Schätzungen zufolge ganze 50 Prozent unserer Arbeitszeit am Telefon verbringen. Wir benutzen es häufiger als Fax, Computer und Rechenmaschine zusammen. Es gibt grundlegende Techniken in puncto Telefonieren, die jeder lernen sollte, wenn er den größtmöglichen Nutzen aus Alexander Graham Bells praktischem kleinen Gerät ziehen will. Schlechte Angewohnheiten am Telefon bedeuten ein unnötiges Risiko für Ihre Karriere. Sie können Ihrem Image schaden und Beziehungen noch in der Anfangsphase, ehe sie richtig zu erblühen beginnen, kappen. Denken Sie daran, die Art, wie Sie über das Telefon rüberkommen, ist eine direkte Erweiterung Ihrer selbst. Der Eindruck, den Sie am Telefon hinterlassen, ist genauso wichtig wie der, den Sie persönlich machen.

Telefonitis

Die meisten Männer behaupten, sie hassten Geplauder am Telefon und neigten zu größtmöglicher Kürze. Manche Frauen jedoch nutzen das Telefon als soziales Hilfsmittel und verlieren aus den Augen, dass es in erster Linie zur Weitergabe und zum Austausch von Informationen gedacht ist und dass dies so knapp wie möglich vonstatten gehen sollte. Weil die meisten Geschäftsleute nur begrenzt Zeit haben, ist es wichtig, dass man das Telefon richtig einzusetzen versteht. Wenn Sie beispielsweise jemanden anrufen, sollten Sie immer fragen: „Kommt Ihnen mein Anruf gerade ungelegen?“ Auf diese Weise kann der andere Ihnen sagen, wie viel Zeit er hat, so dass Sie Ihr Gespräch darauf einstellen können.

Manche Anrufer ignorieren allerdings bewusst die Tatsache, dass Sie vielleicht das Telefonat beenden müssen, und quasseln einfach weiter. Ich kenne einen Metallmogul, der bei einem Gespräch mit einem weitschweifigen Schwätzer anfängt, ein wenig schneller zu sprechen, und viele kurze Wörter gebraucht: „Ja“, „Nein“, „O.K.“, „Aha“. Wenn das nicht funktioniert, fragt er, ob er zurückrufen kann. Ich selbst kürze Telefonate auf recht simple Weise ab. Ich versuche der anderen Person das Gefühl zu vermitteln, ich hielte ihn oder sie auf, also sage ich zu einem Vielschwätzer: „Ich möchte Sie nicht länger in Beschlag nehmen. Unterhalten wir uns ein andermal weiter.“ Das funktioniert immer.

Worüber reden Sie?

Schlaue Telefonierer wissen, wie sie zur Sache kommen können. In einem Gespräch von Angesicht zu Angesicht haben Sie Zeit, um Einzelheiten zu erörtern und sogar ein wenig nicht sachbezogene Plauderei einfließen zu lassen. Am Telefon haben Sie diesen Luxus nicht; Sie müssen sofort auf den Punkt kommen.

Wenn Sie sichergehen wollen, dass Sie Ihre Botschaft auch wirklich vermitteln, sollten Sie sich am besten ein paar Notizen machen. Das Niederschreiben Ihrer Gedanken gewährleistet nicht nur, dass Sie alle Punkte ansprechen, es wird zudem auch das Stottern und Stammeln verhindern, wenn Ihnen nicht recht einfallen will, was Sie als Nächstes sagen sollen. Es schwarz auf weiß vor sich zu haben schenkt Ihnen auch mehr Selbstvertrauen, was wiederum in Ihrer Stimme zum Ausdruck kommt.

Die oben erwähnte Marina Maher ist von solchen Notizen hundertprozentig überzeugt. Ehe sie jemanden anruft, notiert sie sich die drei wichtigsten Punkte, die sie behandeln möchte. Als ich sie fragte: „Warum drei, warum nicht vier oder fünf", antwortete sie: „Die Leute werden es nicht nur leid zuzuhören, sie können sich auch im Allgemeinen an nicht mehr als an drei Punkte erinnern."

Und wenn Sie schon mal dabei sind, holen Sie alles relevante Material hervor und legen Sie es sich neben Ihre Notizen. Es treibt mich zum Wahnsinn, wenn jemand anruft und dann Papiere zu durchwühlen beginnt, um die Unterlagen zu finden, die er mit mir telefonisch besprechen wollte. Es gibt nur wenig, was mich mehr in Rage bringt.

Wie klingen Sie am Telefon?

Ihre Stimme ist das einzige und beste Hilfsmittel über das Sie am Telefon verfügen. Versuchen Sie, ein paar Ihrer eigenen Telefonate mitzuschneiden, um Ihre Telefontechnik zu verbessern. Wenn Sie hören, wie Sie für andere klingen, können Sie einige der häufigeren Sprechfehler, wie wiederholtes „wissen Sie“ und „mhm“ abstellen. Wenn Sie das Band abhören, stellen Sie sich folgende Fragen.

Mit welcher Geschwindigkeit spreche ich?
Wenn Sie zu schnell sprechen und versuchen, alles hineinzuquetschen, vermitteln Sie dem Anrufer den Eindruck, dass Sie so hetzen, um es hinter sich zu bringen. Sprechen Sie zu langsam, dann schläfern Sie den anderen ein. Das Band zeigt Ihnen, ob Sie schneller oder langsamer sprechen sollten.

In welcher Tonhöhe spreche ich?
Dasselbe vertrauenswürdige Tonband kann Ihnen bei der Entscheidung helfen, ob Ihre Stimmhöhe in Ordnung ist. Manche Frauen flöten mit derart hoher Stimme, dass sie sich dadurch schon fast für die Oper qualifizieren würden. Eine tiefere Stimme ist viel angenehmer für das Ohr, vor allem am Telefon. Bis zu einem gewissen Grad können Sie Ihre Tonhöhe einfach dadurch beeinflussen, dass Sie vor dem Sprechen daran denken.

Wie „sehe“ ich aus?
Diesen Trick setzen viele professionelle Telefonierer ein: Sie stellen sich einen Spiegel auf den Schreibtisch und *lächeln* hinein, ehe sie zum Telefonhörer greifen. Dieses Lächeln kann Ihr Gesprächspartner tatsächlich „hören“ und „sehen“. Es bewirkt ungemein viel für Ihre Stimme und das, was Sie sagen. Probieren Sie es aus!

Was ist meine Botschaft?
Auch wenn wir Voice Mail, also computergestützte Anrufbeantworter, nicht ausstehen können, so kommen wir doch nicht ohne sie aus. Aber gehen Sie richtig damit um. Hinterlassen Sie keine lange, geschraubte Nachricht, die der andere mehrmals abhören muss, um den Kern zu erfassen. Sprechen Sie nicht länger als dreißig Sekunden

auf Band. Geben Sie zum Schluss langsam Ihre Telefon- und/oder Faxnummern durch und wiederholen Sie sie am besten noch einmal.

Wer bin ich?
Verlassen Sie sich nicht darauf, dass die Leute schon wissen, wer Sie sind, wenn Sie Ihr Telefon abheben oder jemand anderen anrufen. Nennen Sie immer Ihren ganzen Namen und, sofern von Bedeutung, Ihren Titel und Ihre Abteilung. Mich haben schon Leute angerufen, ohne ihren Namen zu sagen, und obwohl mir die Stimme bekannt vorkam, konnte ich sie mehrere Sekunden lang keiner Person zuordnen. In der Zwischenzeit entging mir das, was mir der Anrufer sagte, weil ich mich so bemühte, ihn zu erkennen.

Wenn jemand Ihr Telefon abnimmt, instruieren Sie diese Person, sich den vollständigen Namen, die Unternehmenszugehörigkeit und die Telefonnummer geben zu lassen, selbst wenn der Anrufer meint: „Sie kennt mich." Sind Sie nicht an Ihrem Platz, weisen Sie Ihren Assistenten an, dem Anrufer anzugeben, wann Sie wieder zu erreichen sind. Stellen Sie sicher, dass man Sie vernünftig entschuldigt, wenn Sie in der Mittagspause oder auf der Toilette sind. Ein einfaches „Sie ist jetzt nicht zu erreichen, aber ich erwarte sie in x Minuten zurück" reicht völlig.

Weitere Benimmregeln am Telefon

- Versuchen Sie, Ihr Telefon nicht länger als dreimal klingeln zu lassen – sonst erweckt dies den Eindruck, als sei niemand da, als seien Sie für Geschäftliches nicht bereit. Kein Unternehmen möchte, dass bei einem Anrufer dieser Eindruck erweckt wird.
- Schalten Sie niemals auf die Lautsprechanlage um, ohne vorher um Einwilligung zu bitten oder zumindest den anderen darauf hinzuweisen. Denken Sie auch daran, dass der Ton nur wenige Meter weit trägt, wandern Sie also während des Gesprächs nicht so weit

umher, dass der Anrufer Sie nur noch mit Mühe verstehen kann. Bleiben Sie nahe am Mikro!

- Verlassen Sie sich nie darauf, dass Sie sich an alles erinnern können, was in einer geschäftlichen Besprechung erörtert wurde. Machen Sie sich Notizen und heben Sie sie auf.
- Die Warteschleife ist toll, wenn Sie über nur einen Anschluss verfügen. Aber wenn Sie der Anrufer sind, ist es sehr ärgerlich, wenn Sie demjenigen, den Sie angerufen haben, sagen müssen: „Ach, ich bekomme gerade einen Anruf." Wenn das geschieht, sollten Sie unbedingt dem zweiten Anrufer mitteilen, dass Sie zurückrufen, und schleunigst wieder zu Ihrem ersten Gespräch zurückkommen. Lange in der Warteschleife zu hängen, gehört zu den Flüchen unserer Zeit.
- Versuchen Sie nach Möglichkeit Ihr Telefon selbst abzunehmen, anstatt wie ein hohes Tier zu tun. Ihre Anrufer werden davon sehr angetan sein.
- Rufen Sie immer so schnell wie möglich zurück. Wenn Sie es aufschieben, vermitteln Sie dem anderen den Eindruck, dass sein Anruf nicht besonders wichtig ist.
- Wenn es sich nicht um einen Notfall handelt oder Sie dies so auffassen, rufen Sie Kollegen oder Kunden nicht nach Feierabend zu Hause an. Und selbst dann sollten Sie solche Anrufe nur zu vernünftigen Zeiten tätigen. Anrufe vor sieben Uhr morgens oder nach zehn Uhr abends bringen Ihnen mit Sicherheit keine Pluspunkte ein.
- Lernen Sie, Ihr Handy zur richtigen Zeit und am richtigen Ort zu gebrauchen. Sie wirken angeberisch, wenn Sie beispielsweise telefonieren, während Sie die Straße hinuntergehen. Und wenn Sie im Restaurant am Tisch telefonieren, verärgern Sie mit Ihrer mangelnden Rücksichtnahme mit Sicherheit die anderen Gäste. Sie sind hier, um ihre eigenen Gespräche zu führen, und wollen nicht gezwungenermaßen an den Ihren teilhaben. Vergessen Sie auch nicht, *wann* Sie Ihr Handy abschalten müssen. Ich vergaß es vor kur-

zem und es klingelte plötzlich in der Kirche los! Zu meiner großen Verlegenheit drängte mich der Usher (Platzanweiser in amerikanischen Gottesdiensten, *Anmerkung der Übersetzerin*) buchstäblich aus der Tür, damit die anderen Kirchgänger nicht gestört würden. Sie können sicher sein, dass ich es abschaltete, als ich in der darauf folgenden Woche an einer Beerdigung teilnahm.

Zusammenfassung

Diese Telefontechniken sind allesamt ziemlich grundlegender Natur, aber wie lautet doch eine alte Redensart der „Amish People": „Vollkommenheit setzt sich aus vielen Kleinigkeiten zusammen, aber Vollkommenheit ist keine Kleinigkeit."

Auf diese Weise möchte ich Ihnen vermitteln, dass Sie dank grundlegender Telefonmanieren im Leben ein ganzes Stück weiterkommen, als dies ohne sie der Fall wäre. Weil das Telefonieren etwas so Selbstverständliches ist, tun wir es oft gedankenlos. Wenn Sie Wirkung erzielen wollen, denken Sie über jeden Anruf, den Sie machen, etwas nach. Und jetzt ist es an der Zeit, zum Hörer zu greifen, hineinzulächeln und die Welt zu erobern!

9. Wie man sich in der Öffentlichkeit blamiert

Wer verkohlt hier wen? Brauchen Sie im Ernst Unterricht, wie Sie sich dumm verhalten können? Während der ganze Zweck dieses Buches darin liegt, Ihnen bestimmte Verhaltensweisen näher zu bringen, dank derer Sie besser Ihre Ziele erreichen können, so sind es doch oft gerade unsere *Fehler*, aus denen wir am meisten lernen. Etwas zu verpfuschen mag weh tun, aber es macht einen im Allgemeinen klüger, und uns wird hoffentlich diese Idiotie kein zweites Mal passieren. Noch besser ist es allerdings, aus den Fehlern *anderer* zu lernen. Es folgen einige Beispiele von Leuten, die sich auf die eine oder andere Weise gründlich blamierten, obwohl sie es hätten besser wissen müssen.

Unterm Tisch

Zuerst eine deftige Geschichte von Leuten in hoher Position, die ihre Macht überschätzten und es zu weit trieben.

Laurie, eine attraktive Marketingmanagerin aus Texas, nahm an einer Besprechung einer Wohltätigkeitsorganisation teil und setzte sich am Konferenztisch auf einen leeren Platz zwischen zwei hochrangigen Vorstandsvorsitzenden. Mitten in der Sitzung spürte sie eine Hand auf ihrem rechten Knie. In ihrer Verblüffung konnte sie kaum glauben, dass dieser Unternehmenschef so unverschämt sein und sie antatschen würde. Ehe sie sich wehren oder ihm in die Rippen boxen konnte, grabschte der Oberboss links von ihr an ihrem anderen Knie herum. Verdammter Mist hoch zwei! Was sollte sie tun? Ohne zu zögern, legte sie beider Herren Hände unter dem Tisch ineinander, während sie weiterhin auf ihre Notizen schaute und keinerlei

Blickkontakt mit ihren Peinigern aufnahm. Welch brillante Lösung eines schlüpfrigen Problems! Die großen Bosse durften nun weiter Körperkontakt pflegen, aber ganz bestimmt nicht den, den sie sich vorgestellt hatten.

Gelernte Lektion:
Einige Überflieger sind so dreist, dass sie glauben, sie könnten sich alles erlauben. Sie können nicht! Früher oder später erwischt man sie. Wenn Sie in der Zwischenzeit das Objekt solch unverfrorenen Verhaltens sind, überlegen Sie sorgfältig. Im Umgang mit Menschen, die mehr Macht als Sie haben, ist wahrhaft strategisches Denken angesagt. Lauries diplomatische Handhabung dieser Situation zeugte von Vernunft und Witz – ohne großen Aufhebens verwies sie die Unholde auf ihre Plätze. Sie können sich gewiss sein, dass diese unverschämten Übeltäter sie nach dem fehlgeschlagenen Grabschmanöver mit dem größten Respekt behandelten.

Ein Scherz, der ins Auge ging

Ein weiterer Bereich, in dem ich erlebt habe, wie Freunde wie Vollidioten dastanden, war dann, wenn sie zur falschen Zeit, am falschen Ort gegenüber den falschen Leuten zweideutige Witze zum Besten gaben. Sogar manche – nach eigener Einschätzung – welterfahrenen Leute fühlen sich durch schmutzige Witze oder bestimmtes Vokabular verletzt und halten nicht viel von Personen, die sich darin ergehen.

In folgender Geschichte kippte der Humor schlagartig um. Ein sehr erfolgreiches Paar, das ich zufällig gut kenne, wollte eine Geburtstagsfeier für ihre gute Freundin „Sharon“ in der eigenen tollen Wohnung mit Blick auf den Central Park in New York ausrichten. Sie sagten ihr, sie solle alle einladen, die sie schätze – Geschäftskollegen, Studienfreunde, verheiratete Bekannte etc. Sie versicherten ihr: „Es tut nichts zur Sache, ob wir sie kennen oder nicht, Sharon. Deine Freunde sind auch unsere Freunde." Sharon, die über einen fabelhaften Humor verfügt, war bei allen möglichen Leuten überaus beliebt - manche waren ausgeflippt, andere konservativ, einige so dazwischen wie das Paar, das die Party gab („Theresa" und „Bob").

Dreißig Freunde von Sharon, von denen viele die Gastgeber noch nie gesehen hatten, erschienen, um ihren zweiunddreißigsten Geburtstag zu feiern. Etliche lebten in New York City, aber viele kamen auch aus den Vorstädten im Einzugsgebiet. Als Geburtstagskuchen hatte das Paar etwas sehr Ausgefallenes bestellt, über das sich ihrer Meinung nach Sharon und ihre Freunde vor Lachen kugeln würden: eine exotische Kreation der „Erotic Bakery", einer Bäckerei, die sich auf das Entwerfen einzigartiger, mit Zuckerguss überzogener Skulpturen spezialisiert hatte. Theresa und Bob hatten einen Schokoladenkuchen gewählt, auf dem ein pinkfarbener Penis prangte sowie die Aufschrift: „Immer hübsch oben bleiben, Sharon!" Die Gastgeber zündeten in der Küche unter heimlichem Gekicher die Kerzen an und brachten dann ihr Meisterstück zu den Gästen hinaus, während sie „Happy Birthday, Sharon" sangen. Plötzlich herrschte Totenstille im Zimmer. Die Spießer aus den umliegenden Vorstädten, die in der Mehrzahl waren, warfen einen Blick auf den Kuchen - und es stockte ihnen vor Entsetzen der Atem. Die übrigen Gäste, von denen viele den Kuchen *wirklich* komisch fanden, waren zu eingeschüchtert, als dass ihnen ein Lachen entkommen wäre. Den Gastgebern, die ursprünglich damit gerechnet hatten, dass sie mit ihrer Idee schallendes Gelächter ernten würden, genierten sich entsetzlich. Hatten wir nicht erwähnt, dass man sich über sein Publikum informieren sollte? Die Ärmsten waren so verlegen, dass sie am liebsten im Erdboden versunken wären.

Gelernte Lektion:

Ob nun bei einem geschäftlichen oder gesellschaftlichen Anlass - Sie sollten Ihr Publikum unbedingt gut kennen, ehe Sie einen Witz erzählen oder sich einen Scherz erlauben. Scherze können furchtbar ins Auge gehen, wenn Sie nicht hundertprozentig wissen, welchen Hintergrund die Leute haben. Worüber Sie sich köstlich amüsieren, kann einen anderen verletzen.

Vorsicht ist besser als Einsicht

Die Kuchenkatastrophe war ein geplantes Ereignis, aber Sie wissen nie, welche unerwarteten Dinge passieren können, bei denen Sie dumm aus der Wäsche schauen.

Als Beispiel sei hier eine Geschichte von einer Strumpfhose erwähnt, die für ein ungewolltes „Extra" sorgte. Cathy Cash-Spellman, mittlerweile eine Bestsellerautorin, begann ihre Karriere bei einer Werbeagentur. Eines Tages bat man sie um Mithilfe bei einer Präsentation für Neukunden, in der über künftige Trends in der Produktentwicklung informiert werden sollte. Cathy, die damals Anfang zwanzig war, hatte ein Lieblings-Outfit, das sie immer trug, wenn sie einen tollen Eindruck hinterlassen wollte: ein flippiger schwarzer Minirock und eine passende Bluse. Überzeugt, dass sie ziemlich unwiderstehlich aussah, ging sie zum Podium und wollte dem Publikum erzählen, daß *Irgendwas mit Zitronenduft* der neue Trend bei Reinigungsmitteln sei.

Ehe sie den Mund aufmachen konnte, merkte sie, dass die Zuhörer grinsten und lachten. Sie hatte kaum zu sprechen begonnen, als jemand auf die Bühne kam, ihr auf die Schulter tippte und ihr zuflüsterte, dass es ein kleines Problem gäbe. Als Cathy vorher auf die Toilette gegangen war, hatte sie sich offensichtlich aus Versehen den Rock hinten in die Strumpfhose geklemmt. Cathy gab in völliger Unkenntnis dessen also den Zuschauern nicht nur einen Blick in die Zukunft, sondern gewährte ihnen noch weitere Einblicke, die sie sich nie hätten träumen lassen. Weil Cathy über ein feines Gespür für Humor verfügt, fing sie sich schnell und sagte dem Publikum, dass das „Zur-Schau-Stellen" eines Produktunterschiedes genau das Wesen guter Werbung ausmache!

Gelernte Lektion:
Wenn Ihnen etwas Peinliches passiert, versuchen Sie das Beste daraus zu machen. Weil Cathy Witze über sich riss, war das Publikum völlig entwaffnet, anstatt Mitleid für sie zu empfinden. Hätte sie sich furchtbar geniert, hätten sich alle betreten gefühlt und ihre Präsentation wäre eine riesige Pleite geworden.

Falsche Prioritäten

Manchmal passieren Missgeschicke, weil wir nicht über die nötige Erfahrung verfügen oder etwas nicht gründlich genug durchdenken.

Ich werde nie den Tag vergessen, als der Vorstandschef, kurz nachdem ich bei Colgate-Palmolive angefangen hatte, in mein Büro kam. Er wollte offenbar mit mir sprechen - und war in Eile! Ich telefonierte gerade mit einem Reporter vom *Wall Street Journal,* der für Colgate-Palmolive wichtig war, und ich wollte ihm nicht abrupt das Wort abschneiden. Andererseits wusste ich, dass ich auf der Stelle herausfinden musste, was der Vorstandsvorsitzende wollte. Ich fühlte mich zwischen allen Stühlen. Ich arbeitete noch nicht lange in einem Großunternehmen und hatte keine Ahnung, wie man mit einer solchen Situation umgeht. Also entschloss ich mich dafür, weiter mit dem Reporter zu sprechen, in der Hoffnung, ich könne das Telefonat eilends abschließen. Falsch gedacht! Der Vorstandsboss stand da und starrte mich an, schließlich drehte er sich auf dem Absatz um und ging. Im Nachhinein erkannte ich, dass ich bloß meinem Anrufer hätte sagen müssen, dass mein Chef gerade hereingekommen sei und ich ihn später zurückrufen würde.

Der springende Punkt an dieser Geschichte ist, dass ich möglicherweise bei meinem Chef in ein schlechtes Licht geriet. Ich hätte so schlau sein und wissen müssen, dass seine Zeit viel begrenzter als meine war und dass er etwas wirklich Wichtiges mit mir besprechen wollte. Er kam äußerst selten, wenn überhaupt, in das Büro eines Mitarbeiters; normalerweise wurden wir zu ihm gebeten. Ich brauchte nicht lange, um zu erkennen, dass ich - sollte dies je wieder vorkommen - so gewitzt sein musste, unverzüglich mein Telefonat durch folgende Worte zu beenden: „Es tut mir Leid, ich muss Sie später zurückrufen." Ganz gleichgültig, wen ich da in der Leitung hatte.

Gelernte Lektion:
Erkennen Sie Ihre wahren Prioritäten! Mein berufliches Schicksal - für den Rest meiner Berufstätigkeit - lag in den Händen des Vorstandsvorsitzenden, nicht desjenigen, mit dem ich gerade telefonierte. Hätte ich dem Reporter erklärt, dass der Vorstandschef gerade hereingekommen war, hätte er höchstwahrscheinlich Verständnis gezeigt. Zweifellos hätte er dasselbe gemacht, wenn sein oberster Chef an seinem Schreibtisch aufgetaucht wäre!

Sagen Sie einfach Nein

Es folgt ein weiteres Beispiel für äußerst dummes Benehmen im Beruf, das fast zu einer Entlassung geführt hätte. Ich benötigte Informationen und stellte einem Mitarbeiter namens „Brad" eine einfache Frage über Budgetschätzungen. Weil dies zu seinem Fachgebiet gehörte, hätte er die Antwort wissen müssen. Dies war jedoch nicht der Fall, und so beschloss er, einfach irgendwelche Daten anzugeben. In der Annahme, dass seine Zahlen stimmten, schickte ich mich an, sie in ein Unternehmensmemo aufzunehmen. Glücklicherweise bemerkte ich Brads Fehler, bevor das Memo verbreitet wurde, aber von da an war er für mich gestorben. Er hatte sich blamiert, aber mich um ein Haar ebenso. Es zeugt von himmelschreiender Dummheit, zu versuchen, einen Vorgesetzten zum Narren zu halten.

Gelernte Lektion:
Geben Sie nie eine unvollständige Antwort und scheuen Sie sich nicht, zuzugeben, dass Sie etwas nicht wissen. Entweder muss alles stimmen, oder Sie sagen, dass Sie nicht über alle Informationen verfügen. Wenn Sie sich den Ruf erwerben, andauernd klug daherzureden, auch wenn Sie keinen blassen Schimmer haben, werden die anderen allmählich allem misstrauen, was Sie sagen. Letztendlich stehen Sie allein im Regen.

Wer ist die Nummer eins?

Eine weitere klassische Art, sich zu blamieren, beinhaltet dummen Sexismus der übelsten Art.

Der hochrangige Präsident einer großen PR-Agentur bemühte sich intensiv um einen Auftrag von Colgate-Palmolive. „Fritz" richtete sein Verkaufsgespräch zu fünfundneunzig Prozent an die männlichen Führungskräfte im Raum und ignorierte mich dabei völlig. Obwohl ich nicht die ranghöchste anwesende Person war, war ich auf Grund meines Kommunikationswissens diejenige, die für die Zusammenarbeit und Supervision der Agentur zuständig sein sollte. Ich fühlte mich durch diese beleidigende Haltung wirklich verletzt und hoffte, mein Chef, „Bill", würde erkennen, was für ein Idiot dieser „Fritz" war.

Fritz brachte das Fass zum Überlaufen, als er herablassend meinte: „Nun, Tina, wir halten Sie von Zeit zu Zeit auf dem Laufenden, aber wir werden uns im Regelfall direkt an Bill wenden." Als wir die Besprechung verließen, war Bill, ein echter Feminist, fuchsteufelswild. „Wenn Fritz blöd genug war, Sie vor den anderen zu demütigen, wie kann er denn dann unsere PR machen?" fragte er. „Neunzig Prozent unserer Kunden sind Frauen, und er weiß nicht einmal, wie er mit *einer* von ihnen reden soll?!" Man braucht nicht zu erwähnen, dass der frauenfeindliche Fritz unseren Auftrag nicht bekam.

Gelernte Lektion:
Bevor Sie in eine Besprechung gehen, sollten Sie immer herausfinden, welche Personen wichtig sind und wer für was verantwortlich ist. Nehmen Sie niemals an, nur weil eine Person jung, ruhig oder - welch Schrecken! - weiblich ist, könne sie nicht am Drücker sitzen.

Halten Sie Ihre Zunge im Zaum

Auch das nächste Beispiel zeigt, dass Sie in Teufels Küche kommen können, wenn Sie nicht wissen, mit wem Sie da reden. Ich war zu einem sehr erlesenen gesellschaftlichen Essen mit beruflichem Hintergrund eingeladen, an dem auch äußerst wichtige Persönlichkeiten und ihre Gattinnen teilnahmen. Die Ehepartner saßen an getrennten Tafeln und hatten als Tischnachbarn Gäste, von denen der Gastgeber annahm, sie würden einander gut ergänzen. Einer der Teilnehmer, „Doug“, war sehr erfolgreich und genoss einen geradezu legendären geschäftlichen Ruf. Das einzige Problem bestand darin, dass Doug und seine Frau, „Mallory“, grässliche Snobs waren, die sich immer lauthals beschwerten, wenn sie nicht am besten Tisch neben den *wichtigsten* Leuten saßen.

Nach dem Essen kam Mallory, die mich flüchtig kannte, zu mir und fing an, sich darüber zu beklagen, neben wen die Gastgeber ihren Mann platziert hatten. „Er saß am schlechtesten Tisch, zusammen mit den größten Langweilern überhaupt. Ihm reicht es jetzt von diesen Typen, er kommt nicht mehr.“ Ich schenkte Mallory das größte Lächeln, das ich zustande brachte, und meinte: „Er saß zufällig neben mir! Es tut mir schrecklich Leid, dass ihm meine Gesellschaft nicht behagte!“ Wenigstens einmal in ihrem Leben verschlug es Mallory völlig die Sprache und sie flüchtete eilends.

Gelernte Lektion:
Seien Sie vorsichtig, ehe Sie sich über jemanden oder etwas beklagen. Es sollten nicht nur Ihre Fakten stimmen,

Sie sollten sich auch bewusst sein, dass womöglich eine Verbindung besteht zwischen der Person, bei der Sie sich ausweinen, und dem Objekt Ihrer Nörgelei. Sie können nie wissen, wen Sie unter Umständen beleidigen. Also, halten Sie Ihr dickes, fettes Ego im Zaum! Mit hochnäsigem Verhalten, vor allem gegenüber Gleichrangigen, machen Sie sich nur lächerlich. Darüber hinaus warten die anderen schadenfroh darauf, dass Ihnen Vergeltung widerfährt.

Sich betrinken und dann von der Bildfläche verschwinden

Und natürlich gibt es unzählige und bedauerlicherweise vorhersehbare Geschichten von zu reichlichem Alkoholgenuss. Unabhängig von der beruflichen Ebene hat allzu ausgiebiger Alkoholkonsum schon viele Leute mehr als alles andere tief in Verlegenheit gebracht. „Celine“, Vizepräsidentin eines großen Konsumproduktunternehmens, hatte schreckliche Angst davor, in der Öffentlichkeit zu sprechen, und sie unternahm alles, um sich davor zu drücken. Dieses eine Mal ging es nicht anders, da sie bei einem feierlichen Essen geehrt werden sollte und den Preis persönlich in Empfang nehmen durfte. Obwohl Celine bekanntermaßen mit Alkohol nicht umgehen konnte, entschloss sie sich trotzdem zu ein paar Drinks vor dem Essen, um sich zu beruhigen.

Sie haben es erraten! Sie wurde nicht nur ruhiger, sie blamierte sich auch über alle Maßen. Nachdem sie ihre Dankesbekundungen verpatzt hatte, ließ sie den Preis fast fallen, ehe sie vom Podest stolperte. Umgeben von aufmerksamen Zuschauern verstärkte sich Celines Ruf, Alkoholikerin zu sein, noch weiter. Kurz danach „entschied sie sich, das Unternehmen zu verlassen“ und eine eigene Firma zu gründen. Allerdings geht diese Geschichte gut aus: Celine schloss sich den Anonymen Alkoholikern an, heiratete einen geheilten Alkoholiker und hat seit zwanzig

Jahren keinen Tropfen mehr angerührt. Und ihre Firma läuft ausgezeichnet.

Gelernte Lektion:
Halten Sie sich bei geschäftlichen Anlässen mit Alkohol äußerst zurück. Es wurden schon viele Beförderungen aufgeschoben und, schlimmer noch, Leute gefeuert, weil sie bei geschäftlichen Ereignissen zu viel getrunken hatten. Und dies gilt in besonderem Maße für die Weihnachtsfeier oder den Betriebsausflug, bei denen viele Angestellte glauben, es sei alles erlaubt. Falsch! Party hin oder her – eine geschäftliche Feier ist eine *Unternehmens*veranstaltung, bei der die Vorgesetzten Sie beobachten. Ganz unabhängig vom Anlass: Trinken Sie nie, um lockerer zu werden! Lieber gelten Sie als Spießer denn als Trinker.

Halten Sie sich zurück

Selbst auf der *Toilette* lauern Gefahren.

Folgendes passierte Samantha: „Meine Freundin und ich besuchten ein Restaurant in Greenwich Village. Wir wollten an diesem Abend ohne unsere Ehemänner ausgehen. Als wir uns zum Essen setzten, entdeckten wir die Schauspielerin Brooke Shields an einem der Tische. Natürlich schauten wir zu ihr hinüber und schickten uns an, eine der schönsten Frauen der Welt aufmerksam zu begutachten. Dass wir ein wenig neidisch waren, ist bodenlos untertrieben.

Als meine Freundin und ich auf die Toilette gingen, unterhielten wir uns weiter über Brooke Shields. Mein erster Kommentar lautete: „Sie sieht gar nicht so toll aus." Meine Freundin erwiderte: „Da hast du Recht, sie sieht älter aus und ein bisschen dicker. Sie würde jetzt mit Sicherheit nicht mehr in diese Calvin-Klein-Jeans passen!"

In diesem Moment öffnete sich die Toilettentür und heraus kam ... Brooke Shields! Sie lächelte und sagte: „Auf frischer Tat ertappt!" Meine Freundin starrte auf den

Fußboden und ich fing an, Brooke Shields zu erzählen, wie fürchterlich Leid uns das täte usw. Sie sah mich nur geradewegs an, schenkte mir ein freundliches Lächeln und ging zur Tür hinaus."

Donnerwetter, Brooke, Sie haben Stil!

Gelernte Lektion:
Verhalten Sie sich an öffentlichen Orten diskret. Ob in der Toilette, im Aufzug, in einem Restaurant oder auf einer Party – Sie wissen nie, wer Ihre Unterhaltung vielleicht mitbekommt.

Hüten Sie Ihre Zunge

Selbst hochrangige Persönlichkeiten machen sich mitunter der Indiskretion schuldig, oft deshalb, weil sie sich ihrer Stellung so sicher fühlen, dass sie glauben, alles sagen zu dürfen, was ihnen in den Sinn kommt. Wenn Sie Gegenstand unerbetener Kritik sind, müssen Sie manchmal Ihre Zunge hüten. Zeugin Nancy berichtet von einem Vorfall: „Ich bewarb mich um eine Anstellung bei der New Yorker Hauptgeschäftsstelle einer international berühmten Kunstgalerie und wurde zum letzten einer Reihe von Vorstellungsgesprächen gebeten.

Ich war damals Ende zwanzig und chic gekleidet, also dachte ich, ich würde gut aussehen. Ich betrat das Büro des Galeriechefs und saß vor seinem Schreibtisch. Er musterte mich von oben bis unten und seine ersten Worte lauteten: ‚Junge Dame, Sie verstehen wohl nicht, worum es hier geht. Dies hier ist kein Schickimicki-Job; wir verlangen wirkliche Fachkenntnisse, keinen Glamour. Meines Erachtens gehören Sie zu der Sorte Frauen, die einen Ehemann und nicht etwa eine Anstellung suchen.‘

Ehe ich antworten konnte, klingelte sein Telefon. Ich war erleichtert, weil ich dadurch die Gelegenheit bekam, meine Gedanken zu sammeln. Obwohl mich seine Bemerkungen total auf die Palme brachten, war mir klar, dass ich mir überhaupt keinen Gefallen erweisen würde, wenn ich meine Gefühle zeigte. Als er sein Telefonat beendete, meinte ich: ‚Mr. Burke, wir sind einander noch nie vorher begegnet, deshalb sollten Sie meines Erachtens keine Mutmaßungen über mich anstellen. Warum besprechen Sie sich nicht mit meinen Kollegen, um zu sehen, wo meine Prioritäten liegen?‘ Er war einen Moment lang sprachlos und meinte schließlich: ‚Das werde ich tun. Vielen Dank, das ist alles!‘ Und nun raten Sie mal? Trotz der Tatsache, dass er nach dem äußeren Schein geurteilt hatte, wurde mir die Stelle angeboten, und ich nahm sie erfreut an! Obwohl ich gern dort arbeitete, hielt ich Burke noch immer für bescheuert. Aber er hatte zumindest so viel Verstand bewiesen, mich einzustellen.“

Gelernte Lektion:
Der große Chef hätte wissen müssen, dass man keine negativen, barschen Urteile über jemanden, dessen Schicksal man in der Hand hat, äußert. Wenn Sie der Gegenstand solcher eigenwilliger Gedanken sind, sollten Sie unter dem Angriff nicht Ihre Gelassenheit verlieren. Manche Menschen haben kein Feingefühl und geben beleidigende Bemerkungen ab. Es trifft insbesondere zu, dass Leute zu einer Frau Dinge sagen, die sie sich einem Mann gegenüber nicht im Traum erlauben würden. Wenn Sie *wissen*, dass Sie im Recht sind, sagen Sie das höflich, aber bestimmt.

Dumm, dümmer, am dümmsten!

Sie können sich auf tausenderlei Arten blamieren; das ist leichter, als Sie meinen. Zu den häufigsten Fehlern gehören Entgleisungen, die auf die ethnische oder soziale Zugehörigkeit anspielen. In den jetzigen Zeiten politischer Korrektheit können Sie leicht andere verletzen, wenn Sie in stereotype Feststellungen verfallen. Manches, was vor zwanzig Jahren als witzig galt, darf man sich heute nicht mehr erlauben. Rasse, Religion, Politik und Sex sind Bereiche, bei denen Sie besonders vorsichtig sein sollten. Es gibt keine Entschuldigung für frauenfeindliche Scherze, das Verunglimpfen von Homosexuellen, antisemitische Bemerkungen, vernichtende Kritik an der politischen Überzeugung oder religiösen Einstellung anderer, Witze über bestimmte Bevölkerungsgruppen oder Nationalitäten oder andere geschmacklose und gemeine Kommentare. Sie sind verletzend, und Sie wirken nicht nur dumm, wenn Sie sich eines solchen Verhaltens schuldig machen, Sie können dadurch auch leicht berufliche Probleme bekommen.

Lapsus im Lebenslauf

Peinliche Fehler im Lebenslauf stellen eine weitere kostspielige Art, sich zu blamieren, dar. Obwohl der Interviewer dabei etwas zu lachen hat, gehen Stellenbewerber, die sich hier Schnitzer erlauben, leer aus. Sie sollten Ihren Lebenslauf nicht nur *selber* auf Tippfehler durchsehen, sondern zudem ein paar (*kluge*) Freunde bitten, ihn zu überprüfen, damit er bis aufs i-Tüpfelchen perfekt ist. Es folgen die tollsten Peinlichkeiten, auf die ich gestoßen bin:

„Computer-*Analphabet.*“ *(Kein Witz!)*
„Ich bin bei der Arbeit völlig gerissenhaft; keine Einzelheit entgeht mir.“ *(Möglicherweise doch.)*
„Berufsziel: Eine Stellung im Gunstbereich.“ *(Klingt eher eindeutig zweideutig als kunstbeflissen.)*
„Zahlreiche Besprechungen geplant und *aufgehalten.*“ *(Bei Besprechungen wohl eher von der langsamen Sorte.)*
„Ich bin sehr zuverlässig. Ein schneller *Lehner.*“ *(Sehr exotische Haltung.)*

Verbale Leere

Man kann sich auch blamieren, indem man sich gezwungen fühlt, bei jeder Besprechung das Schweigen zu brechen. Das Wissen, wann man den Mund halten muss, ist genauso wichtig, wie zu wissen, wann man reden kann. Wenn Sie nur halb durchdachte Ideen zum Besten geben, können Sie leicht ins Stolpern geraten. Nehmen Sie sich Mark Twains Rat zu Herzen: „Es ist besser, zu schweigen und für einen Dummkopf gehalten zu werden, als zu reden und jeden Zweifel daran zu beseitigen."

Ganz sicher kann man sich auch zu Fall bringen, wenn man seine Handlungen rechtfertigt, indem man meint: „Ich habe angenommen, dass ..." Ich beging einmal den Fehler, dem gefürchteten Chef, der zufällig schlechte Laune hatte, zu sagen: „Ich habe angenommen, der Bericht sei in Ordnung, weil ..." Dies bot ihm die perfekte Gelegenheit, mich wie eine Fliege zu zerquetschen und zu erwidern: „Im Beruf sind Ratespiele unangebracht. Entweder kennen Sie die Fakten oder nicht. Nehmen Sie niemals etwas an, wenn Sie weiter für mich arbeiten wollen."

Ja, er führte sich auf wie ein Wilder, aber irgendwie bringt die Verwendung der Formulierung „ich habe angenommen" das Schlechteste in manchen Menschen zum Vorschein, vor allem wenn sie darauf aus sind, Sie zu erledigen. Jetzt sage ich immer: „Meiner Meinung nach ..." oder „Ich bin der Ansicht, dass ..." Dies klingt viel souveräner und nicht so, als würde ich etwas vortäuschen wollen.

Es gibt noch bestimmte andere Wendungen, die Sie niemals gegenüber Ihrem Vorgesetzten oder sonstigen Autoritätspersonen äußern sollten. Etwa:

„Das läßt sich in diesem Zeitrahmen nicht bewältigen."
(Und wie lange wird *es dann dauern?)*
„Das geht mich nichts an."
(Wen denn dann?)

„Ich bin gerade mit etwas anderem beschäftigt.“
(Aber nicht, wenn Sie für mich arbeiten.)
„Das ist vielleicht ein blöder Einfall, aber ...“
(Sie haben Ihrer eigenen Idee den Todesstoß versetzt, noch ehe Sie sie geäußert haben.)
„Sie verstehen das nicht.“
(Geben Sie mir die Informationen, und ich verstehe es vielleicht.)
„Ich würde es lieber auf *meine* Art machen.“
(Vergessen Sie Ihre Art, sagen Sie nur, warum es Ihrer Meinung nach anders gemacht werden sollte.)
„Es tut mir Leid, aber da irren Sie sich.“
(Sie wollen wohl Ärger bekommen.)
„Das gehört nicht zu meinem Aufgabenbereich.“
(Ja und? Erledigen Sie es einfach. Vielleicht will man Sie auf die Probe stellen, um zu sehen, ob Sie mit anderen Verantwortungsbereichen klarkommen.)
„Wir haben ein Problem. Was wollen Sie in der Angelegenheit unternehmen?“
(Sie werden für Problemlösung bezahlt, nicht für Problemabschiebung.)

Verbale Siege

Umgekehrt machen bestimmte „Zauber“-Worte fast garantiert einen günstigen Eindruck. Anders als die oben erwähnten Formulierungen vermitteln sie Begeisterung und Ihren Eifer, die bevorstehende Aufgabe in Angriff zu nehmen.

„Ich arbeite Tag und Nacht – was auch immer erforderlich sein mag, ich tue es, um die Aufgabe zu erledigen.“
„Das ist wirklich eine tolle Idee ...“
„Ich kann Ihre Besorgnis nachvollziehen. Wie kann ich Ihnen helfen?
„Möchten Sie, dass ich jetzt dieses Projekt bearbeite und das andere so lange hintanstelle?

„Es liegt in zwei Stunden auf Ihrem Tisch.“
„Es gibt ein Problem, aber ich habe mehrere Lösungsmöglichkeiten parat, die funktionieren könnten.“
„Brauche ich einen speziellen Ausweis, um dieses Wochenende ins Büro hineinzukommen? Ich möchte dieses Projekt so schnell wie möglich zum Abschluss bringen.“

Zusammenfassung

Wir alle möchten es gern vermeiden, uns zu blamieren. Aber manchmal passiert es uns doch. Wenn Sie tatsächlich etwas verpatzen, quälen Sie sich nicht unbarmherzig. Von einem Fehler geht die Welt nicht unter. Verbuchen Sie es unter Erfahrungen und lernen Sie daraus. Sie können sicher sein, dass das Ehepaar mit dem „unanständigen Kuchen“ in Zukunft sehr vorsichtig mit derben Scherzen umging. Und Sie können auch jede Wette abschließen, dass Cathy Cash-Spellman von nun an auf Nummer sicher ging, dass sich ihr Rock nicht ein zweites Mal in der Strumpfhose verfing. Sich hin und wieder zu blamieren ist normal. Aber wenn Sie nicht aus Ihren Fehlern lernen, sind Sie für immer der Dumme.

10. Der letzte Schliff

Wenn Sie sich morgens ins Büro aufmachen und wollen, dass der Tag wirklich gelingt – werfen Sie einfach einen Blick auf folgende Punkte und versuchen Sie, sich daran zu erinnern:

Das Gesamtbild

- Sie müssen von Begeisterung befeuert sein oder Sie werden gefeuert.
- Ihre Ausstrahlung fällt den anderen als Erstes auf.
- Ihre Art, wie Sie sich Ihren Kollegen wie auch Ihrem Vorgesetzten gegenüber verhalten, ist überaus entscheidend.
- Ihre Art zu sprechen verrät genauso viel wie Ihre Worte.
- Positive Körpersprache wird für Ihre Karriere Wunder bewirken.
- Sie können lernen, die Körpersprache anderer richtig zu interpretieren.

Sich selbst verpacken

- Ziehen Sie sich so an, dass Ihre Kleidung zur Unternehmenskultur passt und vor allem zu den ranghöheren Personen.
- Stellen Sie sich immer auf eine unvorhergesehene Besprechung ein, selbst am „legeren Freitag".
- Accessoires unterstreichen oder ruinieren die Aufmachung; sie sollten immer klein und geschmackvoll sein.
- Sauberkeit ist *immer* das oberste Gebot.

- In Form zu bleiben hilft beim Emporklettern der Karriereleiter.
- Lächeln Sie aufrichtig und so oft wie möglich.

Holen Sie das Optimale aus Ihren Besprechungen heraus

- Tun Sie so, als sei jede Besprechung ein Vorstellungsgespräch und als stünden Sie auf dem Prüfstand.
- Lesen Sie die Besprechungsunterlagen noch einmal durch; versuchen Sie nicht, zu improvisieren.
- Tragen Sie Ihr „Führungsimage", die entsprechende Garderobe und zeigen Sie die passende Mimik.
- Kommen Sie immer pünktlich.
- Melden Sie sich zu Wort, selbst wenn Sie nur den Ideen anderer zustimmen.
- Versuchen Sie, sachdienliches Anschauungsmaterial mitzubringen, damit sich die Leute an Ihr Anliegen erinnern.
- Proben Sie immer vor dem Vortrag, selbst wenn Sie mit dem Thema durch und durch vertraut sind.
- Seien Sie aufmerksam; drücken Sie durch Ihre Körpersprache aus, dass Sie zuhören.

Sich einen guten Auftritt verschaffen

- Stellen Sie sich vorher psychisch darauf ein.
- Sie sollten ein „Ereignisziel" verfolgen – also wissen, was Sie erreichen möchten.
- Warten Sie nicht, bis die Leute auf Sie zukommen; stellen Sie sich selber vor.
- Verbringen Sie nicht die ganze Zeit mit Leuten, die Sie bereits kennen.
- Fürchten Sie sich nicht davor, hohe Tiere zu begrüßen; aber belegen Sie sie nicht die ganze Zeit über mit Beschlag.

- Seien Sie ganz Ohr, wenn jemand mit Ihnen redet, selbst wenn es Sie langweilt.
- Beenden Sie charmant sinnlose Gespräche, damit Sie sich wieder anderen Anwesenden widmen können.

Reden Sie wie ein Mann, denken Sie wie eine Frau

- Reden Sie nicht um den heißen Brei herum; äußern Sie sich geradeheraus, wie Männer es tun.
- „Endlosgequassel" - zu langes Gerede, bis man auf den Punkt kommt - und Wischiwaschi-Ausdrücke haben im Berufsleben keinen Platz.
- Hören Sie auf, sich für Dinge zu entschuldigen, für die Sie keine Schuld tragen.
- Fühlen Sie sich nicht verpflichtet, das Schweigen während einer Besprechung zu brechen.
- Äußern Sie sich bei einer einfachen Feststellung nicht überschwänglich.
- Seien Sie diplomatisch, wenn sich Ihrer Meinung nach jemand irrt.
- Glauben Sie nicht, Sie dürften einfach so Ansprüche erheben, Sie müssen sie sich erst verdienen.
- Wenn es die Situation zulässt, scheuen Sie nicht davor zurück, etwas im Alleingang zu wagen.
- Wenn Sie Erfolg haben wollen, müssen Sie sich darauf einstellen, dass Sie Opfer bringen müssen.

Höflichkeit um des Erfolgs wegen

- Alle stimmen hierin überein, dass gute Manieren wieder aktuell sind.
- Gute Manieren gehen weit über das Wissen hinaus, welche Gabel man wann nimmt.

- „Bitte" und „danke schön" zu sagen kostet überhaupt nichts.
- Vergewissern Sie sich, dass Ihre Kleidung dem Anlass entspricht; schlampige Aufmachung ist nicht gefragt.
- Tragen Sie Ihre geschäftlichen Visitenkarten immer griffbereit bei sich.
- Lassen Sie sich schlechte Bedienung im Restaurant nicht gefallen - setzen Sie die Geschäftsführung in Kenntnis.
- Nehmen Sie auf andere Rücksicht; Freundlichkeit zieht Freundlichkeit nach sich.

Ruhig und gelassen einen Vortrag vorbereiten

- Lernen Sie, effektiv zu kommunizieren, wenn Sie an die Spitze gelangen wollen.
- Lehnen Sie Angebote für öffentliche Reden und Vorträge nicht ab.
- Fangen Sie damit im kleinen, vertrauten und Ihnen freundlich gesinnten Kreis an.
- Finden Sie so viel wie irgend möglich über Ihre Zuhörerschaft heraus.
- Vermeiden Sie nach Möglichkeit Vortragstermine nach dem Abendessen, wenn die Zuhörer schon schläfrig sind.
- Betreten Sie einen Vortragsraum nie unvorbereitet. Prüfen Sie vorher die Gegebenheiten.
- Halten Sie sich beim Verfassen Ihrer Rede oder Ihres Vortrags an die Regel der Einfachheit und Verständlichkeit.
- Ehe Sie eine Rede halten, gilt: Üben, üben, üben!
- Zeigen Sie Fingerspitzengefühl bei der Wahl Ihrer Garderobe - keine billige Aufmachung, keine tiefen Dekolletés, sondern ins Berufsleben passende Kleidung bester Qualität.
- Setzen Sie wirkungsvolle Körpersprache ein und halten Sie ständig Blickkontakt.

- Schreiben Sie sich Ihre Vorstellung selbst sowie eine Verabschiedung nach der Rede, wenn Sie sichergehen wollen, dass Ihre Botschaft wirklich ankommt.

Einen Vortrag halten

- Investieren Sie in einen Dale-Carnegie- oder Toastmasters-Kurs, um Ihre rhetorischen Fähigkeiten zu verbessern.
- Wenn nichts anderes vereinbart wurde, sprechen Sie nicht länger als dreißig Minuten.
- Üben Sie sich im öffentlichen Reden vor kleinen Gruppen, vorzugsweise vor Freunden.
- Üben Sie immer vor einem Spiegel oder vor jemandem, der Ihnen Feedback geben kann.
- Lassen Sie sich einen Eröffnungssatz einfallen, der sofort eine gefühlsmäßige Übereinstimmung mit Ihren Zuhörern herstellt.
- Stellen Sie Blickkontakt mit allen Bereichen im Raum her – rechts, links, Mitte.
- Stellen Sie eine Verbindung mit den Zuhörern her, indem Sie zumindest die ersten paar Seiten Ihres Vortrags auswendig lernen.
- Falls Sie im Frage- und Antwortteil einmal keine Antwort wissen sollten, geben Sie dies unumwunden zu.

Finesse am Telefon

- Wenn Sie beim Telefonieren lächeln, klingen Sie freundlicher.
- Machen Sie sich vorher Notizen, damit Sie genau das sagen, weswegen Sie anrufen.
- Fassen Sie sich bei geschäftlichen Telefonaten so kurz wie möglich.
- Fragen Sie prinzipiell, wenn Sie jemanden anrufen, ob derjenige Zeit hat, mit Ihnen zu sprechen.

- Wenn Sie eine Nachricht hinterlassen, geben Sie langsam Ihre Telefon- und Faxnummern durch.
- Benutzen Sie in der Öffentlichkeit möglichst selten ein Handy.

Schlussbemerkung

In diesem Buch wurde detailliert erläutert, wie Sie die verschiedenen Kommunikationskanäle zu Ihrem besten Vorteil nutzen - verbale Fähigkeiten, äußere Erscheinung, Körpersprache und richtiges Geschäftsgebaren.

Im Beruf wie überhaupt im Leben zahlt es sich aus, nachzudenken, bevor Sie etwas sagen oder tun. „Improvisieren“ funktioniert nicht, vor allem nicht im Büro. Machen Sie es sich zur Gewohnheit, zu agieren, nicht bloß zu reagieren. Ja, das heißt zwar, dass Sie sich nicht immer so spontan verhalten können, wie Sie es gern möchten, aber das Geschäftsleben ist ein mentales Spiel, und es kommt darauf an, wie Sie das Spiel spielen. Wie beim Schach ist jeder Zug, den Sie machen, die Grundlage für einen Gegenzug. Wenn Sie das Ziel verfolgen, zu gewinnen, müssen Sie konzentriert und geistig engagiert sein. Deshalb *konzentrieren* sich in einer Krise die Gewinner auf das Wesentliche und Verlierer *erstarren*.

Nachdem Sie dieses Buch sorgfältig durchgelesen haben, wird es Ihnen viel leichter fallen, in der ersten Kategorie zu landen - und zu den Gewinnern zu gehören. Wenn Sie auf das Wesentliche konzentriert bleiben und weiter daran arbeiten, lernen Sie, Ihre interpersonellen Fähigkeiten zu optimieren, was ja gute Kommunikation überhaupt ausmacht. Lernen, wie man effektiv kommuniziert, ist ein lebenslanger Prozess. Sie machen möglicherweise zwar nicht immer alles hundertprozentig richtig, aber, glauben Sie mir, eines Tages schaffen Sie es. Manchmal hat das Leben Höhen und Tiefen, und ein andermal kommt die Sonne durch. Um Ihren Optimismus immer lebendig zu halten, lesen Sie diese Worte voller Weisheit, die der Dichter Sheenagh Pugh vor ein paar Jahren geschrieben hat:

Manchmal

Manchmal wenden sich die Dinge trotz allem nicht vom Schlechten zum Schlimmeren. In manchen Jahren besiegt der Muskateller den Frost; das Grün gedeiht; die Ernte missrät nicht; manchmal steckt sich ein Mensch ein hohes Ziel, und alles geht gut.

Manchmal tritt ein Volk vom Krieg zurück; wählt einen ehrbaren Menschen; beschließt, es mache ihm zu viel aus, als dass es Fremde der Armut überlassen könnte. Einige Menschen werden zu dem, wofür sie geboren sind.

Manchmal sind unsere besten Anstrengungen nicht vergebens; manchmal tun wir das, wozu wir bestimmt sind. Die Sonne bringt manchmal ein Feld der Trauer, das starr gefroren schien, zum Schmelzen: So sei es.

Danksagung

Der Verfasser eines Buches bekommt aus vielen unterschiedlichen und unerwarteten Quellen Inspiration und Ermunterung. Glücklicherweise kannte ich immer Menschen, die sich als großzügig mit ihren Ideen und ihrer Zeit erwiesen. Ich danke hiermit:

William E. Flaherty - meinem so gescheiten, beredten Ehemann, der sich schon vor langer Zeit durch seine Worte den Weg zu meinem Herzen bahnte. Seine Geduld und Unterstützung, während ich dieses - und auch das vorhergehende - Buch schrieb, versetzten mich immer wieder in Erstaunen.

Connie Meehan - die sich beinahe so intensiv um dieses Buch wie um ihre Katzen Clementina und Tosca kümmerte. Als meine Privatlektorin ließ sie ihre Lieblinge tagtäglich allein, bis alles druckreif war. Sie ist eine unermüdliche und unersetzliche Freundin.

Duane Garrison Elliot - einem Kollegen und Freund, dessen Ideen diesem Buch besonders zugute kamen.

Patricia Francy - einer verständigen Karrierefrau und Freundin, die stets bereit ist, mir mit ihren Ideen und Erfahrungen zur Seite zu stehen, ganz egal, wie viel sie auch zu tun hat.

Brenda O'Hanlon - einer in Irland lebenden neuen Freundin, Autorin und Spitzenjournalistin, deren Interesse trotz der Entfernung einige vergnügliche Anekdoten zu meinem Buch wie auch zu meinem Leben beitrugen.

Cathy Cash – einer Bestsellerautorin und Freundin, durch deren lustige Geschichten und einzigartige Erfahrungen dieses Buch an Pep gewann.

Ralph Nichols – ein exzellenter Rhetoriker, der sich ungemein engagierte, mir neue Einsichten hinsichtlich der Wirkung der öffentlichen Rede zu verschaffen.

Patti Printz – einer langjährigen, sehr gescheiten Freundin, die immer da war, wenn ich sie brauchte, vor allem dann, wenn ein Kapitel (oder ich) zu kollabieren drohte.

Pat Nation – einer bekannten Zeitungsjournalistin, deren herrliches Gespür für Humor, tolle Einsichten und aufrichtiges Interesse an dem Buch sich als so wertvoll erwiesen.

Bill Powell – einem Kollegen bei Colgate-Palmolive, mit dem ich gut befreundet bin und dessen weiser Rat beim Verfassen dieses Buches so unschätzbar war.

Dolores McMullan – einer ungemein freundlichen Frau und der Lektorin dieses Buchs. Ihre Intelligenz und ihr Einsatz zeichnen jede Seite aus.

Don Softness – einem wunderbaren Autor und Freund, der immer dann kein Blatt vor den Mund nimmt, wenn er meint, es sich erlauben zu können.

Kay Wight – einer guten Freundin und Kollegin, deren Witz und Erfahrungsschatz sich in diesem Buch widerspiegeln.

P.S. – Besondere Streicheleinheiten sind Liam, Ashleen und Shadow Flaherty gegönnt, unseren heiß geliebten Schmusetieren, die mir Gesellschaft leisteten, als ich dieses Buch schrieb, vor allem in den frühen Morgenstunden.

Und Dank gebührt auch allen, die mir diese Aufgabe in irgendeiner Weise erleichterten:

Letitia Baldridge
Martha David
John Duff
Ena Francis
Christina und Brian Flaherty
Peggy Lucchesi Geiser
Constance Giamo
Maria Headley
Barbara Krupa
Regina Leon
Trip Leon
Felice Lippert
Marina Maher
Reuben Mark
Dale Leon Miller
Marty Nussbaum
Vicki und Dr. Stuart Quan
Kate Roberts
June und Tim Rooney
John Rosenwald
Lew Rudin
David Seiniger
Vicky Shepherd
Mimi Strong
Erin Stryker
Roula Stephanides
Diane Terman
Nina West

Stichwortverzeichnis

F

G

I

K

M

O

P